Eurus

Notus

原 武史
Takeshi Hara

象徴天皇の実像

「昭和天皇拝謁記」を読む

Boreas

Zephyrus

岩波新書
2038

目　次

序章

『昭和天皇拝謁記』とは何か

あらわになった昭和天皇の肉声

本書は、「象徴天皇」となった戦後の昭和天皇の実像を、二〇二一年から二三年にかけて岩波書店から刊行された『昭和天皇拝謁記――初代宮内庁長官田島道治の記録』(全七巻。以下『拝謁記』と略記)を通して明らかにしようとするものです。

そもそも『拝謁記』とは何なのでしょうか。

一言でいえば、戦後に二代宮内府長官、次いで初代宮内庁長官を務めた田島道治《みちじ》(一八八五～一九六八)が主に宮内庁長官時代に昭和天皇とのやりとりをまとめた狭義の「拝謁記」(第一巻から第五巻まで)、田島の宮内府長官就任から宮内庁長官退任までの「日記」(第六巻)、田島の退任後の日記や田島宛て書簡などの「関連資料」(第七巻)を合わせた総称のことです。時期は狭義の「拝謁記」が一九四九(昭和二四)年から五三年まで、第六巻の「日記」は一九四八年から五三年まで、第七巻の「関連資料」は一九四〇年代から六〇年代までとなっています。

最重要資料は五巻分に相当する狭義の「拝謁記」です。なぜなら天皇とのやりとりが、まるでテープレコーダーに録音していたのではないかと思われるほど詳細に記録されているからです。「あの」「〜だがネー」といった口調まで忠実に再現されています。

これまでの昭和天皇のイメージは、東宮《とうぐう》御学問所時代に帝王学を教えた倫理担当の杉浦重剛《しげたけ》の影響もあって口数が少なく、戦後巡幸に見られたように一般国民との対話もぎこちないというものでした。しかし「拝謁記」を読むと、こうしたイメージが完全に覆されます。天皇は田島を相手にむしろ饒舌に語っているからです。話が終わって退出しようとした田島をなお呼び止め、話を続けることも珍しくありませんでした。

平成以降、昭和天皇の研究は格段に進みました。二〇一五年から一九年にかけては、宮内庁書陵部編修課により編纂された『昭和天皇実録』全一九冊（東京書籍）も刊行されています。けれども「拝謁記」が記録した天皇の肉声からは、これまでの研究では必ずしも明らかでなかった昭和天皇の等身大の人間像が浮かび上がってきます。戦後間もない時期の象徴天皇制の実態が初めて具体的に解明されたという点で、きわめて価値の高い史料と言えるでしょう。

「拝謁記」が書かれた時期

田島が宮内庁長官を務めた一九四九年から五三年までの四年間というのは、占領末期から独立回復初期にかけての時期に当たります。この時期には、中華人民共和国の成立、日本共産党の内部分裂とレッドパージ(赤狩り)、朝鮮戦争の勃発と休戦、警察予備隊の発足、連合国軍最高司令官マッカーサーの解任、サンフランシスコ講和会議、講和条約の発効、血のメーデー事件、そして警察予備隊の保安隊への改編などがありました。内閣でいえば第三次、第四次吉田茂内閣の時代です。

宮中でも様々な出来事が起きています。具体的には昭和天皇と香淳《こうじゅん》皇后夫妻の三女にあたる第三皇女・孝宮和子《たかのみやかずこ》内親王と鷹司平通《たかつかさとしみち》の結婚。天皇の母に当たる皇太后節子《さだこ》(貞明《ていめい》皇后)の死去。エリザベス二世の戴冠式に伴う皇太子明仁《あきひと》(現上皇)の欧米訪問と、それに伴う学習院大学の中退。さらには第四皇女・順宮厚子《よりのみやあつこ》内親王と池田隆政の結婚や、昭和天皇の一歳下の弟、秩父宮《ちちぶのみや》雍仁《やすひと》親王の死去などもありました。

天皇は皇后とともに、戦中期から引き続き皇居の御文庫《おぶんこ》に住んでいました。御文庫は空襲を想定して一九四一年四月に極秘で着工され、四二年一二月に完成しましたが、元の住まいである木造の明治宮殿が一九四五年五月の空襲で類焼しても残りました。二人は御文庫に住みながら、神奈川県の葉山御用邸や栃木県の那須御用邸にも滞在しました。

田島が拝謁する場所というのはたいてい宮内庁庁舎三階の「御座所」(表御座所)か御文庫でしたが、二つの御用邸や移動するお召列車の車内の場合もありました。「御召列車」と表記されてきた天皇の乗る列車は、戦後になると「お召列車」と改められました。

田島が宮内庁長官だった時期の天皇は、一九四六年二月から始まった戦後巡幸を続けつつ、戦前の陸軍特別大演習に代わって、各地で開催された国民体育大会（現・国民スポーツ大会）や植樹祭（現・全国植樹祭）にも出席するようになりました。戦後巡幸はほとんどが天皇単独でしたが、新たに始まったこれらの地方訪問では、天皇と皇后が一緒というのがお決まりのパターンになります。

1949年の福岡巡幸．昭和天皇とそのすぐ後ろを歩く田島道治（共同通信提供）

一方、皇太后節子は、明治宮殿と同じく四五年五月の空襲で焼失しながら、四六年に再建された大宮御所に住んでいました。この大宮御所というのは、五一年五月の皇太后の死去とともに解体されましたが、皇太子明仁が五九年に結婚すると跡地に東宮御所が建てられ、いまでは上皇夫妻が住む仙洞《せんとう》御所となっています。
この時期の秩父宮は、結核のため戦前から引き続き静岡県御殿場の別邸で療養をしていて、田島も秩父宮に会うため御殿場まで行くこともありました。亡くなる前年の一九五二年には、神奈川県藤沢の鵠沼《くげぬま》にあった別邸に移り、ここで五三年一月に死去しています。跡地には天理教の分教会が建っています。

同じ時期、皇太子明仁は当初、東京・小金井にあった学習院中等科に隣接する東宮御仮寓所《ごかぐうしょ》に住んでいました。しかし一九四九年一二月に火災で焼失すると、渋谷区の常盤松《ときわまつ》御用邸を東宮仮御所にしました。現在の常陸宮《ひたちのみや》邸です。そして同年からは、家庭教師のエリザベス・グレイ・ヴァイニングの影響で、毎年夏に軽井沢に滞在するようになります。

先に触れたように、この時期はずっと吉田茂政権でした。吉田が所属した政党は当初は民主自由党でしたが、一九五〇年三月からは自由党になります。この時期には保守政党の二つの流れというのがあって、一つは吉田が属した日本自由党→民主自由党→自由党という流れ。もう一つは日本進歩党→日本民主党→国民民主党→改進党という流れで、こちらに途中から属したのが、A級戦犯として服役した元外務大臣の重光葵《しげみつまもる》や、日本民主党、日本社会党、国民協同党の連立内閣を組閣した芦田均でした。

もう一人、重要な政治家として鳩山一郎がいます。鳩山は敗戦直後に結成された日本自由党の初代総裁になりましたが、公職追放処分を受け政界から追放されました。一九五一年に解除されると、当初は吉田と同じ自由党に所属し、新党を作ることはしませんでした。しかし吉田との反目はしだいに深まり、分党派自由党（鳩山自由党）をいったん結成してから、最終的には改進党の重光や芦田らと組み、五四年に新たに日本民主党を結党して吉田茂の後継首相になります。五五年には保守合同があり、自由党と一緒になって自民党ができたことで、鳩山は自民党の初代総裁になっています。けれども「拝謁記」で昭和天皇が言及する政治家は吉田が圧倒的に多く、鳩山はあまり出てきません。

『拝謁記』の読みどころ

昭和天皇の肉声が記録された「拝謁記」をはじめ、関連の日記や書簡などが収められた『拝謁記』の読みどころはどこにあるのでしょうか。

第一に、君主意識や政治思想、民主主義や共産主義に対する見方を具体的に語っているところです。憲法上は「国政に関する権能を有しない」（日本国憲法第四条）とされる象徴天皇制の実態がどうだったかがわかるからです。

天皇の政局や時局に対する意識がむき出しになったときには、田島がそれをやんわりと抑える場面もあります。ここでは具体的事例を挙げませんが、今は憲法上できませんと諌めるようなことをかなり頻繁に言っています。逆に言えば、天皇にはかなり強い政治意識があり、しばしばそれを雄弁に語っていたことになる。吉田政権期の政治を天皇抜きで語ることは、もうできないのではないでしょうか。

第二に、憲法観を語っているところです。一九五三年五月二〇日、天皇は田島に「私など旧憲法改正の必要はないと思つた次第で……」「私など旧憲法でもある程度は新憲法と同じ精神でやつたのだが……」「憲法でも明治の旧も今度の新も実際面に即しては同じであつていゝのだが……」などと発言しています。天皇は大日本帝国憲法を改正する必要はないと思っていたのであり、憲法が変わっても「実際面」は変わらないと考えていたわけです。

もちろん大日本帝国憲法と日本国憲法では天皇の位置付けが全く違いますから、新憲法に対する不満を口にすることはありました。「元の憲法なら、私が真に国を思ふ立場から何とか動くといふ事もあるのだが、今はどうする事も出来ぬ」(一九五二年五月一三日)、「今となつては、他の改正は一切ふれずに、軍備の点だけ公明正大に堂々と改正してやつた方がいゝ様に思ふ」(同年二月一一日)。憲法改正を主張する天皇に対して、田島は国会が賛成多数でも国民投票で過半数の賛成が得られなければ、改正はできないと反論します。天皇が「そんなものが入《い》るか」と言うと、田島は、「今度の憲法ではそうだと存じます」と答えています(同年三月八日)。

また日本国憲法下でも「認証をしないといふ事がある」と発言し、田島に諌められていますす（一九五三年五月一八日）。結局、憲法に定められた国事行為に関して、根本的にわかっていない。まだ天皇大権をもっていると思い込んでいるのです。

第三に、戦争責任意識、あるいは退位に対する考え方を語っているところです。天皇は道義的な責任は感じていたようです。「五内《ごだい》為ニ裂ク」。これは有名な終戦の詔書（「大東亜戦争終結ノ詔書」）の一節で、「身が引き裂かれる思いがする」という意味ですが、「五内裂くといふ文句があるだらう、あれは私の道徳上の責任をいつたつもりだ」（一九五一年八月二二日）としているからです。

退位については、第1章「天皇観」で触れますが、一カ所を除いてほぼ否定しています。「道義上の責任を感ずればこそ苦しい再建の為の努力といふ事は責任を自覚して多少とも償ふといふ意味である」（同）。これを聞いた田島は、今日では退位の意思は少しもなく、天皇としての地位にとどまりたい気持ちであると受け取ります。

第四に、歴史認識について語っているところです。「国の前途など少しも考へぬやうな風に、党利党略に専念してるやうな国会の有様は、民主化とか、憲法改正とかいふが、少しも戦前の議会のわるかつた処は改まつて居らない」（一九五二年六月二四日）。国会は戦前の帝国議会と変わらず、政党は党利党略に専念していると認識しているのです。戦前はその結果、軍部の台頭を招いたが、戦後は国会の有様に憤慨した学生や労働者が台頭し、ソ連に操られてまた戦争を起こそうとしている。「国がこんな事では亡びるのではないか」(同)とまで言っています。

天皇に言わせれば、戦前の政党政治が党利党略に陥り、それが政治に対する不信を招いて、五・一五事件や二・二六事件のようなテロやクーデター未遂事件が起こり、軍部が台頭していった。それに対する反省があって、またああいうことにならないかと言っている。これ以上政治不信が強まれば、共産主義の影響を受けた学生や労働者が直接行動を起こして、暴発することにならないかという、天皇なりの危機意識が表れています。

第五に、地理感覚について語っているところです。日本は極東にあって、ソ連や中国、朝鮮半島と接している。それは天皇にとっては、共産主義が接近してきていることを意味するんですね。「日本の将来といふものは中共(中国)といふものを控え、共産主義は近いて来てるので此点《この》は米国が共産国の専制的の勢力と離れて又力《また》があるのと日本は違ふ」(一九五三年一〇月一四日)。地理的に日本は米国と違うと言っているわけです。

第六に、さまざまな人物観を語っているところです。特に前半は、母親の皇太后節子に対する言及が非常に多い。第6章「人物観1」でこの点について詳細に見ていきますが、一九五一年五月に皇太后が死去してからもなお語るわけです。田島自身も、なぜ皇太后の話題になると天皇がこれほど興奮するのか、その理由を把握できていないように見えるのです。

　妻の香淳皇后のことを、天皇は本名の良子《ながこ》にちなんで「良宮《ながみや》」と呼んでいます。皇后を除くほとんどの皇族が批判や不満の対象になっています。とりわけ四歳下の弟、高松宮宣仁親王《たかまつのみやのぶひと》や一四歳下の弟、三笠宮崇仁親王《みかさのみやたかひと》に対する批判は痛烈でした。天皇が「東宮ちゃん」と呼ぶ皇太子明仁もまた例外ではありませんでした。

　政治家や軍人をどう見ているかという点も詳しく語っています。政治家の話題では、前述のように首相だった吉田茂が一番多い。天皇は吉田についてもいろいろと文句や不満を言うのですが、他に代わる人材がいないこともまた認めていました。

　軍人については、皇道派の真崎甚三郎をはじめ、有末精三、宇垣一成、鈴木貞一、橋本欣五郎など陸軍に厳しく、山梨勝之進、斎藤実《まこと》、米内光政《よないみつまさ》、鈴木貫太郎など海軍に好意的な傾向がありました。ただし同じ陸軍でも、「英米流とか平和派」（一九五〇年一一月一四日）と言われた元大佐の松谷誠《せい》のような軍人は高く評価していますし、海軍でも元軍令部総長の豊田副武《そえむ》が最終的に無罪となったのは「好運」（一九四九年九月七日）とも言っています。また東条英機に関しては、近衛文麿よりも評価が高かったことがわかります。

第七に、田島の日記を読むと、戦後巡幸で天皇に同行した各地のほか、宮内府や宮内庁の長官としてどういう場所に赴いたかがわかります。那須や葉山の御用邸のほか、皇族や吉田茂が滞在していた場所、具体的には沼津、御殿場、藤沢、軽井沢、箱根などに通う長官としての職務の実態が見えてきます。

当時の交通事情も浮かび上がってきます。まだ道路が整備されていなかったため、鉄道を使う場合が圧倒的に多いのですが、通常の列車に乗るときには満員で乗れないこともありました。そのときには「超満員にてボーイ室にて帰る」(一九五一年八月九日)とあるように、長官としての特権から乗務員室に乗せてもらったようです。

急に地方に行かなければならないときには、臨時列車が運行される場合もありました。御殿場に滞在していた秩父宮による占領統治批判をGHQが問題視し、天皇がすぐに御殿場に行けと田島に命令したときがそうでした。東海道本線は本数が多いので東京から国府津《こうづ》まではいいのだけれど、国府津からの御殿場線の本数が少なかったのです。

日記と当時の時刻表を見ると、田島は臨時列車で国府津—御殿場間を往復したように見えます。朝早く東京を出て御殿場まで行き、秩父宮に直接話を聞いてから、すぐに東京に戻って天皇に報告しなければならなかったため、宮内庁が発足直後の日本国有鉄道(国鉄)に働きかけた可能性もあります。

第八に、田島の日記や田島宛ての書簡を通して、田島が宮内庁長官を辞めたあとの宮中の空気や皇族の動静についても新たな事実がわかります。中でも興味深いのが、一九五九年に結婚した皇太子妃美智子に関する神谷美恵子の書簡です。この書簡からは、六〇年代後半の皇太子妃の精神状態が極めて不安定であったことが浮かび上がってきます。

本書の構成

『拝謁記』各巻の巻末には編者の古川隆久、茶谷誠一、冨永望、瀬畑源、河西秀哉、舟橋正真各氏による「解説」があり、各巻の内容に即した文章が記されています。近現代天皇制研究の第一人者による解説ですから、それはそれで意義があると思います。しかし、各巻の時期に限定されているのは否めません。

『拝謁記』を深く理解するためには、先に触れたような読みどころに注意しつつ、『拝謁記』全体から浮かび上がってくる昭和天皇の「天皇観」「政治・軍事観」「戦前・戦中観」「国土観」「外国観」「人物観」「神道・宗教観」「空間認識」といったものを、時系列にこだわらずに分析する必要があると思います。これらの見方や認識は、時の流れに応じて変化してゆくものではなく、むしろ天皇自身のなかで一貫しているものが多いように思われるからです。

以下の各章では、これらの見方や認識に関わる天皇の発言を集中的に取り上げ、分析を加えてゆくことにします。それを通して、戦後間もない象徴天皇の実像がいかなるものだったのか、昭和天皇は戦前と比べてどこがどう変わったのか、あるいは変わらなかったのかが見えてくるはずです。この試みは、戦後の日本政治史、ないしは日本政治思想史のなかに天皇を正確に位置づけるための準備作業になるのではないかと思っています。

なお『拝謁記』からの引用は、仮名づかいや句読点の打ち方なども含めて原文のままとしました。編者による〔 〕の注も大体そのまま引用したほか、わかりづらい箇所には〔 〕の注を補い、難しい漢字には原文になくても振り仮名を加えました。また典拠は日付のみを記し、巻や頁、「条」を省いたことをお断りしておきます。

第1章　天皇観

退位もあり得ると考えていた

昭和天皇は、戦後の自らのあり方をどう考えていたのか。まずこの点に注意しつつ、天皇の発言を見てゆきたいと思います。

宮内府長官の田島道治は、一九四八年七月九日の日記でこう書いています。

五—五・四〇芦田拝謁終て田島拝謁—六、（中略）〈欄外〉〈「芦田拝謁」から引線〉拝謁内容、退位問題を御確めす、留意責任をとる意、改宗問題。

午後五時から五時四〇分まで首相の芦田均が天皇に拝謁し、そのあと六時まで田島が拝謁しました。その席で退位せず、天皇としての地位にとどまることで責任をとるという昭和天皇の意向を確かめたということです。

なお「改宗問題」というのは、拙著『昭和天皇』（岩波新書、二〇〇八年）や『「昭和天皇実録」

を読む』(同、二〇一五年)でも触れたように、当時の天皇がカトリックへの改宗を検討していたことを意味すると思われます。これについては第9章「神道・宗教観」で詳しく取り上げるつもりです。

『昭和天皇実録』第十(東京書籍、二〇一七年)の一九四八年七月九日条には、「午前、内廷庁舎御政務室において、約一時間にわたり元宮内大臣(中略)松平恒雄の拝謁をお受けになる。その際松平より、御退位問題につき確認を受けられ、これに対し、天皇として留まり責任を取る旨の御意向を示される」とあります。同日の午後に拝謁した田島もまた、同様の天皇の意向を確かめたわけです。

しかしこの時点で、天皇の意思が固まったわけではありませんでした。依然として退位もあり得ると考えていたからです。田島が宮内庁長官になってからの話ですが、一九四九年一二月一九日にこう言っています。

講和が訂結《ていけつ》された時に又退位等の論が出ていろいろの情勢が許せば退位とか譲位とかいふことも考へらる丶ので、その為には東宮ちやんが早く洋行するのがよいのではないかと思つたとの仰せ当時はまだ占領下にありましたが、昭和天皇は講和条約が結ばれたときには退位もあり得るから、そのための準備として「東宮ちゃん」すなわち皇太子明仁を早く外遊させるのがよいと言っているわけです。

それを聞いた田島が、感激のあまり泣きじゃくるんですね。この日の田島の文章は、完全に冷静さを失っています。言葉が出てこないというか、しばらく嗚咽するような状態だったと。なぜそれほど感激しているのかというと、田島もまた天皇は退位した方がよいと思っていたからです。それを天皇の側から言ったものだから、天皇自身もそう思っているのがわかって感激したように見えるのです。

昭和天皇自身、皇太子だった一九二一(大正一〇)年に訪欧し、帰国してから大正天皇の摂政になっています。大正天皇が退位したわけではないにせよ、事実上の天皇になっているわけです。皇太子明仁の洋行↓昭和天皇の退位、明仁の即位という流れは、こうした自らの体験を踏まえていたのかもしれません。

退位しないと再び立場を変える

けれども退位について踏み込んだ発言をしたのは、全巻を読んでもこの日しか見つかりませんでした。あとはせいぜい、独立回復が迫った一九五一年一二月一三日に、式典で述べる「おことば」の文案を検討する際、「国民が退位を希望するなら少しも躊躇せぬといふ事も書いて貰ひたい」と発言している程度です。

なぜ退位しないのかというと、「地位に止まるのは易きに就くのでなく、難きに就き困難に直面する意味である」(同年一二月一二日)、つまり道徳上の責任を感ずればこそ、退位という安易な道を選ぶのではなく、あえて再建のための困難な道を選ぼうとするからだと話をすり替える。あるいは「退位すれば私が何か昔の院政見たやうないたくない腹をさぐられる事もある。そして何か日本の安定に害がある様に思ふ」(同年一二月一三日)と、かつての院政に見られたような上皇と天皇の二重権力による「害」を強調する。

さらには「東宮ちやんはまだどうも帝位をついでもどうもまだまだだし、貞明皇后に別にどういふといふ訳ではないが、明かに皇后の方(皇后様の事となる)と連絡がわるくといふより不調和であつた事は事実だ」(同年一二月二〇日)、「私が譲位しては東宮ちやんが帝位についても何かと面倒な事が起きがちの事は想像出来る」(同)として、皇太后節子(貞明皇后)と自分自身の関係が「不調和」だった体験から、皇太后となる良子(香淳皇后)と天皇となる明仁の間に同様の確執が生まれる可能性に言及する。

貞明皇后と昭和天皇の間に深刻な確執があった点については、前掲『昭和天皇』や『「昭和天皇実録」を読む』でも詳しく触れました。この点については第6章「人物観1」でもまた触れますが、退位しない理由をあれこれ弁明しているのは、天皇自身が再び立場を変えたことに後ろめたさを感じていたからではなかったかと思いたくなります。

田島は、退位しないという天皇の考えに理解を示しつつ、こう語っています。「犠牲的に皇位に在るのだと陛下の方から仰せになる事は如何《いかが》かと存じまする」(同年一一月一一日)。「御退位は結局不可能の結論には間違ありませぬが、立前としては自分はどちらでもよいといふ事が終戦の時の御言葉にあふと思ひます」(同)。

自分のほうから退位しないと積極的に言うのはよくないのではないか。建前としては、自分はどちらでもよいとしておいたほうがよいと言うわけです。そのほうが、終戦の詔書で「五内為ニ裂ク」、つまり道徳上の責任を感じていると言ったことに見合っていると諫めている。同年一二月一三日に天皇が「国民が退位を希望するなら少しも躊躇せぬといふ事も書いて貰ひたい」と言ったのは、田島の影響を受けたからでしょう。

「おことば」での決意表明

一九五二年五月三日に皇居前広場で行われた「平和条約発効並びに日本国憲法施行五周年記念式典」では、独立回復を祝う天皇の「おことば」のなかに退位しないという決意表明がなされています。

第三巻の巻末に掲載された「おことば案一覧」によると、同年一月から四月にかけて作成されたと思われる、全部で一一種類の「おことば案」があったことがわかります。これらのうち、途中で文章が欠落している「おことば案」リ、ルを除く「おことば案」に、以下のような決意表明に当たる文言がありました。カッコや打消し線のある箇所も含め、そのまま引用します。

> 今此時勢の大局に視て、廣く世論に察し、微言に聴き又深く自ら省み沈思熟慮を重ねた末、此際更に自らを励まして負荷の重きに堪へ、国運の恢弘《かいこう》と国民の福祉に寄与《きよ》せんとするこそ、眞に国を愛し公に殉ずる所以《ゆえん》であると考ふるに至つた。（「おことば案」イ）

> 深く自ら省み、~~（自ら責め）~~沈思熟慮の末更に留まつて負荷の重きに任《た》へ、~~（時局の難を排し）~~誓つて国運の恢弘と国民の福祉に寄与せんとするこそ、眞に國を愛し公に殉ずる所以

なりと決意するに至つた。（「おことば案」ロ）

この時に当り、過去を顧み世論に察し、沈思熟慮、自らを励まし、負荷の重きに任へんことを期し、朝夕その及ばざることを恐れる（のみであります）。冀《こいねがわ》くは共に分を盡《つく》し、事に励み相携へて、此［新日本建設の］志業を達成し、十日も早く［永く］其慶を倶《とも》にする［日の速であるならん］ことを切望して已《や》みません。（「おことば案」ハ。［ ］は行間の書き込み、以下同）

「おことば案」ハのあとに作成されたと見られる「おことば案」ニ、ホ、ヘ、ト、チ、ヌの文言は、「おことば案」ニで「この時に当り」が削られ、「沈思熟慮」のあとに「を重ねた末」が加わったり、「おことば案」ホからは「この時に当（當）り」のあとに「身寡薄《かはく》なれども」という言葉が加わるようになったりしたことなどを除き、「おことば案」ハとあまり変わっていないので省略します。

「おことば案」イとロでは常体だった文章が、ハ以下では敬体に変わりました。注目すべきは、いずれの「おことば案」にも「沈思熟慮」の末、天皇としての地位にとどまり、「負荷の重き」に堪えることが表明されていることです。ここには、先に天皇が田島に話した「地位に止まるのは易きに就くのでなく、難きに就き困難に直面する意味である」という思いが反映されていると見ることができるでしょう。

一九五二年五月三日の式典で、天皇は一連の「おことば案」をもとにした「おことば」を読み上げました。「国民が退位を希望するなら少しも躊躇せぬ」という文言が織り込まれることは、結局ありませんでした。田島が同年四月二二日に記したメモには、「一般には退位など予期せず。頬かぶりで無難」と記されています。「犠牲的に皇位に在るのだと陛下の方から仰せになる事は如何かと存じまする」という自らの考えを撤回したわけです。

過剰な警備に対する批判

退位しないと決断した天皇は、戦後における自らの振る舞いはどうあるべきと考えていたのでしょうか。

天皇は、自らが国民から隔絶された存在になってはならず、常に自分の方から国民に接近していくことが大事だと認識していました。そのためには、戦前のような政治的軍事的存在から学問芸術や社会事業を奨励する文化的存在へと自らの役割を大きく変える必要があると考えていました。

従来政治、軍事中心であつたのを、今度は文化中心で、学問芸術の方面、又社会事業というやうな事を一層よくして、国民との接触を謀らねばならんと思ふ(一九五一年一月二四日)

実際に戦後の天皇は、都内の美術館、博物館、日本学士院、病院、社会事業施設などを積極的に訪れています。これらの訪問では、必ず皇后を伴っているのが注目されます。ただ天皇自身は、「絵は余りすきでないが、いやな事故と思つてつとめて見に行つたりすると、反対に非常に好きだといはれる事もある」(同年九月三日)と話しています。

国民との接触を図るためには、警備をあまりに厳重にするのはよくないとも言っています。

例へば緑樹祭(植樹祭)に出掛けるとして、仮りに遺伝研究所に立寄るとしても、さういふ場所の警備が厳重でも目立たぬからよいが、緑樹の植樹の山などであまり厳重過ぎると、折角《せっかく》出掛けても逆の印象を与へる事になるから困る。(一九五二年二月二五日)

> 私は外遊から帰つて警衛の事などあちらの見聞を取入れ、余程簡単にするやうにいひ、又一部その方向に実行されつゝあつたのに、虎の門事件の為にすつかり駄目になつて了《しま》つた。然《しか》しこれは旧憲法時代で、皇室と国民の間に若干の藩屏《はんぺい》といふか、いろ〳〵の垣根が法制上も認められてあつた時だが、今は全然違う建前で、皇室と国民とは最も多く接近すべき時に、警衛の責任上そうはなるか知らぬが、皇室が国民と接近しやうとする事には非常な害になるので、此点は余程よく吉田にも考へて貰はぬと困る。（一九五三年一一月四日）

一番目の発言の「緑樹祭」とは、一九五〇年から毎年春に全国各地で行われ、天皇と皇后が出席するのが恒例となる植樹祭〔現・全国植樹祭〕のことです。「遺伝研究所」は静岡県三島市にある国立遺伝学研究所です。二カ月後に皇后と一緒に第三回植樹祭に出席するため三島を訪れる予定があり、研究所は別としても警備が過剰にならないよう釘を刺しているわけです。実際には研究所を訪れることはありませんでした。

二番目の発言を見ると、過剰な警備に対する批判は戦後に始まったわけではなく、一九二一（大正一〇）年の訪欧から帰った際、英国王室から影響を受けて警備を簡素にするように言ったときからあったことがわかります。

しかし摂政時代に当たる一九二三年一二月、アナーキストの難波大助が皇太子を狙撃した虎ノ門事件によって「すつかり駄目になつて了つた」。それでも大日本帝国憲法下では「いろ〳〵の垣根が法制上も認められてあつた」が、憲法が改正された以上、従来と同じ警備では「非常な害」となるので、警備にこだわる首相の吉田茂に強く再考を促しています。「終戦直後は大体警備は楽で、所謂《いわゆる》警戒線のくずれが大阪や名古屋である程で警戒は戦争前とは大違ひで、其為めに国民との親近がはかられたと思ふ」(一九五一年九月二九日)という発言からは、敗戦直後の一時期は警備が簡素だったと天皇が考えていたことがわかります。

虎ノ門事件については、こういう発言もあります。

虎ノ門等の為にずつと警衛が窮屈になり、それが君民の間をへだてたといふ事があるから、其点は注意せよ(一九四九年七月八日。傍点引用者)

一九三二年の血盟団事件で前大蔵大臣の井上準之助を暗殺した小沼正《おぬましょう》が、天皇の行幸に遭遇した際に「こんな警戒がどうして必要なのか。だれがこんな警戒を必要とさせてしまったのか」(『一殺多生』、読売新聞社、一九七四年)と憤慨したことが思い出されます。天皇もまた、「君民一体」を妨げる過剰な警備が、昭和初期のテロやクーデター未遂事件を誘発する遠因になったと考えていたのかもしれません。

巡幸と一般参賀

天皇にとって、国民への接近を図る貴重な機会となったのが、一九四六年二月から始まった戦後巡幸でした。一九四六年に関東、東海、四七年に近畿、東北、甲信越、北陸、中国、四九年五月から六月にかけて九州を回り、あとは東海、近畿の一部、四国と北海道を残すだけとなりました。四九年七月一二日には、こんなやりとりが記録されています。

> 四国、北海道のことも、今年は余程様子を見ねばとの旨申上げし所、そういふ慎重論も尤《もっと》もだが、積極的に多少の危険を冒して出掛ける方が却て国の為によいといふ事も考へられるとの仰せ

田島が注意を払っていたのは、各地での日本共産党の動きでした。九州巡幸に同行した田島は、日記で各地での共産党の動きをつぶさに書き留めています。

赤旗ありとのこと。（一九四九年五月二〇日、福岡県）
赤旗一本。（同年五月二一日、同）
嬉野《うれしの》病院■前共産党二名。（同年五月二三日、佐賀県）
諫早奉迎場にて赤旗一本あり。（同年五月二七日、長崎県）
赤旗本部に一本。（同年五月二九日、福岡県）
赤旗八代及川内《せんだい》両市に見る。「天皇ヒロヒトに申す、あなたは……」の文字を見る。（同年六月一日、熊本県・鹿児島県）

一九四九年一月の衆議院議員総選挙では、共産党は三五議席を獲得し、民主自由党、日本民主党、日本社会党に次ぐ第四党に躍進していました。その勢いを九州各地で感じたからこそ、「今年は余程様子を見ねば」と考えていたのです。

田島は「一部階層の人の便利に天皇の行幸を利用するとの誤解の恐れあり、余程それには慎重の必要あり」（同年七月一二日）とも話しています。四国や北海道でも、各地で天皇に向かって赤旗が掲げられ、「天皇ヒロヒトに申す、あなたは……」のプラカードが掲げられた九州と同様の光景が現れることを恐れていたわけです。

天皇は田島の考えに理解を示しつつ、「多少の危険」があっても出掛けるほうがよいと答えています。共産党の動きに敏感になっていたのは天皇も同じはずでしたが、それよりは一刻も早く沖縄を除く全都道府県への巡幸を成し遂げたいという気持ちのほうが勝っていたようです。天皇には、たとえ共産党の連中が待ち構えていたとしても、圧倒的多数の国民は歓迎するはずだという読みがあったように思われます。

四国巡幸は一九五〇年三月に実現されましたが、ソ連に接している北海道への巡幸はなかなか実現されませんでした。天皇は田島に対して、しばしば早く訪れたいという自らの希望を伝えています。

北海道は朝鮮の問題とともにらみあはせて早い方がよいと思ふので、七月に行つてはどうか（一九五〇年六月二六日）

北海道が一つ残されたといふ事と、行けば共産化に対する防御になるといふ点で行きたいと思つてる。（一九五二年三月二六日）

九州で炭鉱へ行つた故、北海道にも矢張り行つた方がよい(一九五三年四月一七日)

しかし田島は、「こんな時に御出になれば陛下と国民との接触があまりいゝ光景を呈せぬ心配がある」(一九五〇年六月一七日)、「北海道は表面は治安よろしい様でありまするが、千島に近い根室等へ五列(スパイ)の者が居るとかいふ情報もありますので、北海道の御巡幸は余程考へませぬといけませぬ」(一九五一年一月二四日)、「警察力微弱で到底駄目でございます」(同年七月六日)と述べるなど、慎重な姿勢をなかなか崩そうとしませんでした。

一九五二年一〇月の衆議院議員総選挙で日本共産党は議席を失い、五三年四月の総選挙でも一議席しか得られませんでした。このためようやく田島も五四年八月の国体開催に合わせて、天皇と皇后が一緒に北海道を訪れることを提案します。天皇は「余程日程を楽にして貰はぬと良宮が疲れる」(一九五三年一一月三日)、「良宮はどこか温泉にでも居て、私だけ行く所は行くとするか」(同)と言いましたが、田島は「両陛下御同列」(同)がよいと反対し、「北海道こそは海陸長途であります故、飛行機がおよろしいかと存じます」(同)と進言しました。

田島が退任したあとの一九五四年八月、天皇と皇后が北海道を訪れました。二人は帰途、千歳から羽田まで初めて飛行機に乗りました。天皇の北海道に対する認識については、第4章「国土観」でもう一度触れるつもりです。

戦後になると、毎年正月と天皇誕生日に二重橋が開放され、天皇や皇族が数回答礼する皇室行事が行われるようになりました。これは一九四八年から五二年まで「国民参賀」、五三年からは「一般参賀」と呼ばれました。天皇は「参賀は戦後の事だけれども、国民とのつながり上、之は重んじなければいかん」(一九五三年三月二六日)と発言しています。参賀は巡幸同様、「国民とのつながり」を保つための貴重な機会であり、戦前の陸軍始《りくぐんはじめ》観兵式や天長節観兵式に代わる行事として重視していたわけです。

天皇の象徴観

では天皇は、日本国憲法第一条で規定された「象徴」をどうとらえていたでしょうか。天皇がこの言葉に触れた「拝謁記」の箇所を、まとめて引用してみましょう。

私は憲法上の象徴として、道義上の模範たる様、修養を積んで居るつもりだが、まだたらぬ故、此上つとめたく、就《つい》てはあまり具体的の事はいふ人もいひ難からうし、こちらもあまり身近な事はきゝにくい点もある故、抽象的な道徳哲学、宗教の問題で間接に修養したいと思ふ故、或は儒教哲学、或はカント哲学等の道徳的哲学の話をきいて益《ますます》修養したく思ふ（一九五〇年九月四日）

再軍備の声がありますれば、警察でも軍でも、あゝいふ性質のものは中心の人を欲しますが、米国は大統領が元首で首相でもありますから司令官ですが、日本では如何なりませうかと申せし処、それは元首象徴だらうネーとの御話（一九五一年二月一五日）

私は象徴として自分個人のいやな事は進んでやるやうに心懸けてる。又スキなやりたい事は一応やめる様に心掛けてる（同年五月一六日）

天皇の発言は、その都度変わっています。道徳的修養を重視する一番目の発言からは、象徴を儒教的な「天子」と同一視している様子が伝わってきます。二番目の田島とのやりとりからは、大元帥と元首と象徴の区別ができていなかったことがわかります。

三番目の発言は、『論語』雍也《ようや》第六の次の一節を想起させます。

〔樊遅《はんち》〕問仁、曰、仁者先難而後獲、可謂仁矣。（樊遅、仁を問う。曰《いわ》く、仁なる者は難きを先にして、獲ることを後にす。仁と謂《い》ふ可《べ》し）

弟子の樊遅が、仁とは何であるかを孔子に尋ねました。孔子は答えました。「人がいやがって後まわしにする難しいことを先にやる。また人が先にやりたがることを後まわしにする。それが仁の道徳者の資格である」。

三番目の発言とそっくりですね。これもまた一番目の発言と同様、儒教に根差しているのがわかるでしょう。皇太子裕仁《ひろひと》（後の昭和天皇）のための学校として開設された東宮御学問所で儒教の徳治主義を旨として倫理を教え、『論語』にもしばしば言及した杉浦重剛からの影響ではないかと思われます。この点は田島も気づいていたようで、「御自分のいやな事きらいな事をむしろ進んで遊ばす陛下の御修養は、矢張り杉浦重剛の倫理の教によります事大きいのでございませうか」と尋ねると、天皇は「非常に視野の広い、包容的な考は私にも影響があつたかとも思ふ」と答えています（同年九月三日）。

つまりどの発言も、日本国憲法の第一条を正しく理解しているとは思えないのです。

天皇には、「象徴とは何か」を突き詰めて考えようとした形跡がありません。それどころか、一〇代のときに培われた思考から抜け切れていないようにすら見えます。確かに「旧憲法ならば当然私が出る事が出来るのだが、今の憲法ではどうすることも出来ない」(一九五三年七月一日)という発言からは、大日本帝国憲法と日本国憲法の違いをわかっていたようにも見えますが、「憲法の正文で政治外交に関係せぬことは文理上そうだが、GS(GHQ民政局)など厳格にそう考へてる様だが、あれはもう少しゆとりを持つ様にしたい」(一九四九年一〇月三一日)とも話しているように、決して天皇が「政治外交に関係せぬこと」を規定した新憲法に満足していたわけではありませんでした。

田島もまた、「陛下は憲法上厳格に申せば、政治外交に御関係なれば憲法違犯となります」(同年一一月一日)と諫める一方、天皇の発言に引っ張られるように「新憲法になりまして元首ではおありになりませんでも、陛下の象徴としての御気持は以前と少しも変る所なく」(一九五三年六月二二日)、「陛下の御立場は戦前でも戦後でも余り変化はないのでございまして」(同)と発言することもありました。日本国憲法に沿わない天皇の発言をしばしば諫めてきたのに、まるで天皇が大日本帝国憲法の時代から象徴だったかのような言い方をしているわけです。

教育勅語はあったほうがよい

昭和天皇が戦前と変わったのか、それとも変わらなかったのかというと、意外に変わっていないのです。序章で触れたように、大日本帝国憲法を改正する必要性を感じていなかった天皇は、同憲法に規定された統治権の総攬者《そうらんしゃ》、ないしは大元帥としての意識が抜けきっていなかったように見えます。戦後失効した教育勅語についても、こう述べています。

> 西洋にはキリスト教的の思想といふものが兎《と》に角《かく》あつて、神の為に正義の為にといふ様な社会上の目安があるが、日本の今日は国民に共同の信念といふものがない。忠君愛国といふものを利用して行過ぎをやつたのが日本の過去の失敗だが、忠君愛国そのもの、適当の範囲ならばそれはわるい事ではない。行過ぎがわるいのだ。（中略）実は私は弊害ない程度で教育勅語のやうなものはあつた方がい、と思ふのだが……（一九五二年一一月二七日）

西洋には「キリスト教的の思想」があるが日本にはそれがない。本章の冒頭で少し触れたように、天皇は一九四八年ごろにカトリックへの改宗を検討した形跡がありますが、このころにはその考えを捨てていました。キリスト教に代わる「共同の信念」として天皇が持ち出したのが、「爾臣民《なんじ》（中略）一旦緩急アレハ義勇公ニ奉シ以テ天壌無窮ノ皇運ヲ扶翼《ふよく》スヘシ」という一節で知られる教育勅語だったのです。

戦前の失敗は「忠君愛国」の「行過ぎ」にあるのであって、忠君愛国自体は悪くない。だから教育勅語も「弊害ない程度で」あったほうがいいと言っています。戦後に西武グループの「天皇」となった堤康次郎が、「むかしの教育は、教育勅語を基本としており、ここに人生の基本が示された。戦後はあれを反動の固まりみたいにいって捨ててしまったが、これは間違っている。「父母ニ孝ニ兄弟ニ友ニ」からはじまるあの道徳律は、いわば自然法で、いまも厳として生きているものだ」（『西武』一九六二年一〇月一五日）と言っていたのが思い出されます。

昭和天皇にとっての国民は臣民であって、臣民はすべからく天皇に対して忠誠を誓うという関係そのものは悪くないと考えていたわけです。たとえ天皇が国民にどれほど接近しようと、天皇と国民の関係自体は変わるべきではない。こういう本音が時にポロッと出るというのが、「拝謁記」の面白いところです。

第2章

政治・軍事観

天皇の民主主義観

昭和天皇は、自らの政治観についても雄弁に語っています。目につくのは、以下の発言から浮かび上がる民主主義に対する違和感や不信感です。

Democracy の弊の一つは、平和の時はまアいゝが、戦争などの時どうしても我慢の時が長く、パールハーバーの様に最初はどうしても後手になる事だ(一九五一年五月一六日)

私は民主々義といふ抽象的の言葉は、使ふ人の勝手で随分ひろく使はれ、共産主義も一種の民主々義のやうにいふかも知れぬし、又国によつて民主々義のあり方はそれぞ〳〵違ふ。英国と仏と米と皆違ふだろう。私は「日本的民主々義に徹して」でもよいと思ふ(一九五二年四月五日)

日本では民主々義の抽象的言葉に熱心で、何か気に入らぬことがあるとすぐ「反動的」と

いふ言葉を使ふ。丁度軍閥時代に其主張に反するものを「非国民」とか何とかといふへのと〕同じだ（同年五月一二日）

一番目の発言では、戦争の時すぐに動けないことが「Democracy の弊の一つ」として挙げられています。「一つ」ということは、ほかにも「弊」があるわけです。二番目の発言では、一九五二年五月三日の「平和条約発効並びに日本国憲法施行五周年記念式典」に際しての「おことば案」に「民主主義〔の本旨〕に徹して」とあることに触れ、「日本的民主々義に徹して」でもよいとしています。天皇に言わせれば、たとえ日本に民主主義があるとしても、それは米国や英国やフランスとは違う民主主義のはずだからです。

二番目の発言でも三番目の発言でも、天皇は民主主義という言葉を「抽象的」ととらえています。ここには抽象的な概念よりも具体的な体験の方を重視する思考が示されています。この点については終章でまた触れたいと思います。

天皇の言う「日本的民主々義」とは、西洋由来のデモクラシーではなく、儒教の民本思想のような、一人の支配者による君主政治とも両立し得る政治思想を意味していたのでしょう。それをうかがわせるのが次の発言です。

ワンマンがしつかりしてればワンマンの方がよいので、民主政治とかいつて派閥政治のやうな事をやれば又戦が起きぬと限らぬ。(一九五二年一二月一八日)

今は平和とか、民主とか、自由とかいふ美名で、案外祖国の防衛も忘れ、放縦を自由と思ひ、民主々義といつて、得手勝手をいふといふ今日の有様は、私は実にどうかと思ふ。(同年一一月二七日)

個人的野心のない専制者に明君があれば一番それがよろしい(同年一二月一日)

民主々義といふものが自分達の利益を主張するといふ事に堕すれば国は危い(一九五三年一月一四日)

「ワンマン」は吉田茂のニックネームでもありました。独裁者的な振る舞いを揶揄して付けられたものでしたが、天皇は素直に評価しているわけです。

なぜ天皇はここまで民主主義を評価せず、一人の支配者による政治のほうがかえってよいかのような発言を繰り返すのでしょうか。

その背景には、戦前の体験がありました。「事実は〔統帥権が〕天皇にあれば間違なく、天皇になく、軍人の派閥が天皇をかついで此間の戦争はやつたのだ。機関説を攻撃した軍人が機関説のひどい実行をしたのだ」(一九五二年二月一八日)。この「機関説」はもちろん天皇機関説のことで、一九三五年に起こった天皇機関説事件を念頭に置いた発言といえます。

この発言からは、軍閥が天皇をないがしろにして実権を握ったために、天皇が大元帥としてのリーダーシップを発揮できなくなったことが戦争を招いたという天皇の認識がうかがえます。天皇にとって民主主義とは、かつての軍閥と同様、国民が本分を忘れて勝手な振る舞いをすることを意味していたようです。

戦後になってようやく二〇歳以上の男女による普通選挙が実現され、すでに普通選挙制が導入されていた衆議院議員や都道府県議会議員、市町村議会議員に加えて、貴族院議員に代わる参議院議員や地方自治体の首長(都道長官、府県知事、市町村長、東京都の特別区長)も公選になりました。しかし天皇は、「日本の今日では矢張り選挙は衆議院、県会市会程度、いはゞ戦前位の方がいゝかも知れぬ位」(一九五〇年一二月一二日)と本音を吐露しています。

貴族院議員や都道長官、府県知事、市町村長などが公選でなかった戦前のほうがよかったとしていることに驚かされます。田島もまた「国民の民主々義の体得不完全ならば、選挙必しも良法とも申せぬ」(同)と応じています。

政党政治に対する不信感

政党政治に対する天皇の不信感もまた、根深いものがありました。

国会の反対党の議論も、本当に国事に関するといふよりも政府いぢめのやうな事ばかりのやうだし、ニユ(ー)スやラヂオで聞いても、政府の答弁も責任免れのやうな不親切で誠意のないやうなものだ。困ったことだネー。(一九五三年七月一日)

この発言にも、戦前の体験が反映していたようです。立憲政友会と立憲民政党が交代で組閣した昭和初期の政党政治が党利党略に走ったため失敗に終わったと思っているからこそ、またあの失敗を繰り返すことにならないかと危惧しているわけですね。それを如実に示すのが、次の発言でしょう。

歴史は繰返すといふがその通りで、田中〔義一〕内閣頃の政党の力といふものは相当強力で、政党本位で国家本位でない為め、右翼とか青年将校とかいふものが憤慨した。その結果とつた彼等の手段は間違つて居つたが、動機は必しも悪いとはいへない。そして一方に独乙《ドイツ》といふものがあつた。今の自由党なども、国家といふよりは党略に重きを置くやうだし、又それ以上個人の利害に関係してるやうに思はれる。（中略）こういふ風だと田中内閣当時と同じく、憤慨するものが出来る。それが今度は右翼でなく、軍人もないから、共産党の赤かぶれがこれでは国が……と考へるやうになる。よく似てる。心配で仕様がない。（同年一月一四日）

田中義一内閣は一九二七年に成立した立憲政友会の内閣でしたが、二八年に関東軍参謀の河本大作が起こした張作霖《ちょうさくりん》爆殺事件（満州某重大事件）に関して、軍法会議にかけずに事件を収拾しようとしました。この処置が天皇の不信感を買い、内閣が総辞職したことはよく知られています。右翼や青年将校のテロの対象となったのは田中ではなく、田中の後継首相に当たる立憲民政党の浜口雄幸や立憲政友会の犬養毅でしたが、「田中内閣当時と同じく、憤慨するものが出来る」という発言からは、張作霖爆殺事件もまた政党政治に対する「憤慨」によって起こされたと天皇がとらえていたことがわかります。

浜口は一九三〇年一一月に東京駅で民間右翼に狙撃され、それがもとで翌年に亡くなります。また三二年の五・一五事件では、陸海軍の青年将校や民間右翼が加わり、犬養を暗殺して政党政治を終わらせています。天皇は、テロという手段は間違っていたけれども、政党を否定しようとした動機自体は必ずしも悪くなかったとしているのです。五・一五事件に対するこうした評価は、「朕ガ股肱《ここう》ノ老臣ヲ殺戮ス、此《かく》ノ如キ兇暴ノ将校等、其精神ニ於《おい》テモ何ノ恕《ゆる》スベキモノアリヤ」(本庄繁『本庄日記』、原書房、二〇〇五年)と怒りをあらわにした二・二六事件とは対照的でした。歴史は繰り返すから、また同じことが起こるのではないか。自由党が戦前のような政党政治を続けていると、今度は「共産党の赤かぶれ」、つまり狭義の共産党員だけでなく、その影響を受けた人々が何をしでかすかわからないと危惧しているわけです。

保守政党の大同団結を提言

「拝謁記」が記された一九四九年から五三年にかけての政界には、一方に吉田茂を総裁とする与党の民主自由党や自由党があって、他方に日本民主党、国民民主党、改進党と党名は変わりますが、芦田均や重光葵が属したもう一つの保守政党の流れがありました。ただし自由党も一枚岩ではなく、鳩山一郎を中心とする反吉田派が一定の勢力を保っていました。彼らは吉田自由党から分かれ、鳩山を総裁とする分党派自由党(鳩山自由党)を結党したり、三木武吉《ぶきち》を最高顧問とする日本自由党を結党したりしました。

さらに左翼政党としては、日本社会党(一九五一年からは左派と右派に分裂)と日本共産党(五〇年からは所感派と国際派に分裂)がありました。一九四九年一月の衆議院議員総選挙で三五議席を獲得して第四党に躍進した日本共産党は、五二年一〇月の総選挙で議席を失い、五三年四月の総選挙でも一議席しか獲得できませんでした。

天皇にとっては、戦前のように保守政党どうしが互いに対立し合うのは、望ましくありませんでした。以下の発言からは、天皇が保守勢力ばかりか、社会党を含めた大同団結を考えていた様子が伝わってきます。

> 自由党内で何分分裂の様な事はどうかと思ふ。もつと大きい気持で吉田を鳩山は助けるようにして、又吉田はどういふ積りか知らぬが反共といふ一線では社左派すら一致点がある故、共産党を相手に此際一致団結すべきである(一九五二年六月九日)

この当時はまだ共産党が第四党でしたから、自由党の反吉田派はもちろん、左派と右派に分裂していた社会党を含めて大同団結し、共産党に対抗すべきと考えていたわけです。ところが共産党の勢力が後退すると、社会党は大同団結の対象から外され、保守政党どうしの合同を唱えるようになります。

真に国家の前途を憂ふるなら保守は大同団結してやるべき（一九五三年三月一二日）

選挙の結果だが、絶対多数を自由党がとれなかつたが、此際どうしても国の為に安定は必要だから、吉田が改進党と連立内閣を作るのが一番いゝと思ふ。（同年四月二一日）

戦前の二大政党の対立が軍閥の台頭を許したように、いま保守政党が対立を繰り返していると、再び共産主義の台頭を許してしまう。それを防ぐためには、大同団結しかないという認識をもっていたことがわかります。

一九五三年三月の「バカヤロー解散」により、衆議院議員総選挙が行われました。四月一九日の投票で与党・自由党は第一党を維持したものの、過半数を大きく割り込みました。改進党も議席数を減らしましたが、第二党にとどまりました。このときには、自由党と改進党の連立内閣を提案しています。五月に成立した第五次吉田内閣は連立内閣ではありませんでしたが、改進党の閣外協力を得ています。

社会党右派への期待

日本社会党は一九五一年一〇月、サンフランシスコ講和条約と日米安全保障条約への賛否をめぐり、両条約に反対の左派と、講和賛成、安保反対の右派に分裂しました。注目すべきは、天皇が社会党は自由党よりも人物的にはいいと言っていることです（一九五二年三月二六日、五三年五月一九日）。また保守政党により近い社会党右派に対する期待や注文もしています。

今日の新聞を見ると左右の統一といふやうな事が出てるが、一所になつたら左派に押されるだらうから困る。右派がもつとしつかりしてくれねばと思ふ。（中略）保守が一党になるか、吉田のいふ堅実な労働党として社会党が保守的政党になるか、何れかになつて欲しい。去りとて社会党の統一問題は中々六《むつか》ケしいらしい（一九五二年五月八日）

社会党が中立を希望するならば自立の軍備論をする必要ある事（中略）仰せあり。（一九五三年二月一七日）

天皇は左派が伸びる可能性のある社会党の統一を望んでおらず、むしろ現状のまま右派が伸びることを期待しています。保守の大同団結が無理なら、右派に指導された社会党が保守政党となり、再軍備を主張するべきだとしているのです。天皇自身が再軍備論者だったことについては、また改めて触れたいと思います。

議席ゼロになっても安心できない共産党

『朝日新聞』一九四九年一二月五日朝刊に、「共産党員八万七千、五大政党の現況　共産党」という記事が掲載されました。共産党は民主自由党、日本民主党、日本社会党、国民協同党と並ぶ「五大政党」の一つとされています。この記事を見た天皇は、「新聞を見ると共産党の数が多い様だが、反共の方は組織立たず、共産の方は組織立つ。組織には組織で向はねば」（一九四九年一二月五日）と危機感をあらわにしています。

その後、コミンフォルム（共産党情報局）による批判を機に党内で徳田球一を中心とする「所感派」と宮本顕治を中心とする「国際派」の分裂があり、暴力革命路線を推進する前者が主導権を握ったことで共産党は国民の支持を失い、五二年一〇月の衆議院議員総選挙で議席を失いました。それを受けた田島と天皇のやりとりが記録されています。

今回の選挙に共産党が一名も当選出来なかつた事はそれ（ソヴィエットの平和論）にはだまされぬといふ事ではございますまいか、又、治安問題に関しての共産党の動きも、五月一日以後ひどかつたのが、むしろ選挙の結果に鑑みて稍《やや》下火ではございますまいかと申上げし処、教育問題が根本だと思ふに、国史や何か教へぬのでは乗ぜられはせぬか。（一九五二年一〇月一六日）

田島は総選挙の結果を、国民が「ソヴィエットの平和論」にだまされないことを示したと解釈し、各地での共産党の動きも下火になってきたと見ているのに対して、天皇は学校で「国史」などをきちんと教えない限り安心できないと答えています。

この翌日には、田島が吉田の言葉を天皇に伝えています。

日本の問題としましては、矢張り共産党議員の出なかつた事を例として共産勢力はむしろ下火である。(中略)治安の点は大丈夫で、少しも御心配は入りませぬと強く申して居りました(同年一〇月一七日)

吉田もまた総選挙の結果を引き合いに出しながら、心配には及ばないと言っているわけです。「日本の歴史日本の地理を教へますは勿論で、そうして本当の愛国心を養成しなければと思つて居ります」(同)とも吉田は言っています。天皇は「大体御安心のやうに拝せらるゝも一寸《ちょっと》不安らしくもあり」(同)、つまりまだ不安を払拭しきれていなかったようです。

日本共産党は五三年四月の総選挙でも一議席しか得られませんでしたが、天皇の警戒感は一向に消えませんでした。

日本は海一つ隔てゝる丈《だ》けでいつでもやつて来れる。それに備へるものがなければ共産勢力は弱いと見れば来るに極つてる。(一九五三年六月一七日)

どうも共産主義の平和の内での攻勢といふものは中々根強いのに、日本ではどうも皆が一般にそれ程恐ろしいと思つて居ないやうだ。（同年九月二三日）

こうした発言を踏まえると、天皇は国会における共産党の議席数だけを見ていたわけではなかったことがわかります。共産主義は軍備の弱い日本に易々と侵入することができ、現に大学や会社などの組織の中に共産主義がひたひたと勢力を広げているのに、国民はその恐ろしさをわかっていないと感じていたのです。

後期水戸学のキリスト教認識との類似点

客観的に見れば、田島や吉田のほうが当時の共産党の党勢を正しく認識していたと言えます。共産党自身も一九五五年に開かれた第六回全国協議会では暴力革命路線の誤りを認め、路線転換を図っています。昭和天皇は明らかに共産党の勢いを過剰に警戒していたわけですが、その危機感は一九世紀前半に水戸藩で台頭した後期水戸学が、西洋列強が奉じるキリスト教が国内に広がることに対して抱いた危機感に通じるものがあります。

水戸学者の一人、会沢正志斎はこう言っています。

西荒の戎虜《じゅうりょ》に至つては、すなはち各国、耶蘇《やそ》の法を奉じて、以て諸国を呑併《どんぺい》し、至る所に祠《し》宇《う》を焚燬《ふんき》し、人民を誣罔《ぶもう》して、以てその国土を侵奪す。その志は、ことごとく人の君を臣とし人の民を役するにあらざれば、すなはち慊《あきた》らざるなり。そのますます猖桀《しょうけつ》するに及んでは、すでに呂宋《ルソン》・爪哇《ジャワ》を傾覆し、遂に神州をも朶頤《だい》す。(『新論』。原文は漢文。『日本思想大系53　水戸学』、岩波書店、一九七三年所収)

「西荒の戎虜」は西洋列強、「耶蘇の法」はキリスト教、「神州」は日本を意味します。西洋列強は、武力をもって日本を侵略しようとしているのではなく、キリスト教によって人心を精神的に脅かし、ルソン、ジャワに次いで日本を征服しようとしている。こうした危機感をもとに、会沢は「今、虜は民心の主なきに乗じ、陰かに辺民を誘ひ、暗にこれが心を移さんとす。民心一たび移らば、すなはち未だ戦はずして、天下すでに夷虜の有とならん」(同)と述べました。いったんキリスト教が広がれば、実際に戦わなくても列強の植民地になってしまうと警告したわけです。

当時はキリスト教がまだ禁じられていたのに対して、戦後の日本にはすでに共産主義が入っていたという重大な違いがあるのは確かです。しかし西洋列強が奉じるキリスト教が国内に広がることに対する会沢の過剰な警戒感は、ソ連などが奉じる共産主義が国内に広がることに対する昭和天皇の過剰な警戒感によく似ています。

天皇は会沢と同様、戦わずしてソ連の植民地のようになってしまうことを恐れていたわけです。それはおそらく、ロシアと同様、革命によって天皇制が倒され、共和制に移行することに対する恐怖感とも結びついていたでしょう。

朝鮮人学校はつぶした方がいい

共産主義を撲滅するには教育問題が大事だと天皇が考えていたことに触れましたが、天皇は学生が政治に関心をもつこと自体に批判的でした。

『毎日新聞』一九五二年五月七日朝刊に、「警官に挑む〝お下げ髪〟　陰で糸をひくものは誰?」という見出しのもと、労働運動に参加する女子学生の写真が掲載されました。この写真を見た天皇はこう言っています。

今日の新聞の写真を見ても、若い学生や女学生位のものが労働運動のやうなのが出てたが、学生があゝいふ風に学業よりも政治に趣味をもつ事はどうも困ると思ふ。中国もあんな風ではなかつたかと思ふ。（中略）若いものが政治に興味を持ち出すといふ事は困つた事だ

（一九五二年五月七日）

「中国もあんな風ではなかつたかと思ふ」というのは、一九一九年に学生が抗日、反帝国主義を掲げた「五・四運動」や、三五年に学生が日本の侵略に抗議した「一二・九運動」を指しているのでしょう。こうした運動が共産党を台頭させ、中華人民共和国の成立につながったと見ていたのかもしれません。

一九五三年一〇月二〇日には、都立小中高連合秋季体育大会で都立朝鮮人学校の生徒が天皇らを揶揄し、朝鮮民主主義人民共和国（北朝鮮）を称える仮装行列をしたことが問題になりました。天皇はこう発言しています。

朝鮮人の学校の問題など、私の仮装行列とかいふ事件はもつと世の中にパツトなつた方がいゝ、位だとの仰せ。（中略）あゝいふ学校はつぶした方がいゝ。大体国費を使つて赤の学生を養成する結果となるやうな大学もどうかと思ふが、こんな朝鮮の学校に国帑《こくど》を費す事は

どうかと思ふ（一九五三年一一月二四日）

天皇の言う「国費を使つて赤の学生を養成する結果となるやうな大学」とは、東京大学や京都大学を指しています。この点については第10章「空間認識」で触れたいと思います。

朝鮮戦争は一九五三年七月二七日に休戦協定が結ばれていましたが、中国ばかりか朝鮮半島にも共産主義国家があるというのは、天皇にとって脅威でした。その意味で朝鮮人学校は「内なる北朝鮮」であり、「つぶした方がいゝ」という話になるわけです。

再軍備は絶対に必要

日本国憲法の第九条は、天皇制を維持するために作られたものでした。一九四六年二月にマッカーサーと首相の幣原喜重郎《しではらきじゅうろう》が会談した際、戦争放棄を世界に声明する代わりに天皇をシンボルとすることを憲法に明記すれば、天皇制の廃止を求める列国の批判をかわすことができるとして意見が一致し、その「旨」が昭和天皇にも伝えられました（豊下楢彦『昭和天皇の戦後日本――〈憲法・安保体制〉にいたる道』、岩波書店、二〇一五年）。

しかし「拝謁記」では、天皇は第九条に不満で、田島に対して再三にわたり再軍備の必要性を説いています。とりわけ独立を回復した一九五二年四月前後に発言が多くなっています。

私は憲法改正に便乗して外のいろ〳〵の事が出ると思つて否定的に考へてたが、今となつては、他の改正は一切ふれずに、軍備の点だけ公明正大に堂々と改正してやつた方がいゝ様に思ふ（一九五二年二月一一日）

軍備といつても、国として独立する以上必要である。軍閥がわるいのだ。（同年二月二六日）

世の中は勿論、警察も医者も病院もない世の中が理想的だが、病気がある以上は医者は必要だし、乱暴者がある以上警察も必要だ。侵略者のない世の中になれば武備は入（要）らぬが侵略者が人間社会にある以上、軍備は不得已《やむをえず》必要だといふ事は残念ながら道理がある。（同年三月一一日）

私は再軍備によつて旧軍閥式の再台頭は絶対にいやだが、去りとて侵略を受ける脅威があ

る以上、防衛的の新軍備なしといふ訳にはいかぬと思ふ（同年五月八日）

防備用の軍隊はいるといふ事になるは確かだと思ふが、侵略の意図のものなしといふ意見の下に、軍備必要なしとの議論などされては困る。（同年一二月八日）

現に中共のやうな侵略の現実に接する以上、軍備はなしには出来ぬものと思ふがネー（一九五三年五月五日）

これらの発言から、独立を回復するなら憲法を改正し、軍隊の保有を明記するべきと考えていたことがわかります。その場合、戦前のように軍閥が台頭し、天皇をないがしろにして戦争へと突き進んでいった歴史を繰り返してはならないが、たとえ侵略の意図がなくても自衛のための軍隊自体は必要というのが天皇の考えでした。

しかし仮に再び軍隊という「組織」ができても、志願する「人」がいなければ話になりません。いざ戦争になった場合、駆り出される可能性が一番高い若年層に祖国防衛という観念がないことを、天皇は危惧していました。天皇が火種として意識していたのは、戦争が続いていた当時の朝鮮半島の情勢でした。

李承晩《イスンマン》（韓国大統領）の排日的傾向や、又北朝（鮮）が万一にも統一でもあるといふ事があれば、日本の国防といふものを本当に考へてどういふ事が起きぬとも限らぬ。それを本当に祖国防衛といふやうな気持が若いものに全然なく、只《ただ》ボンヤリ戦争に行くやうになる事を何でもいやといふ様な事はどういふものかと思ふ。（一九五二年一一月二七日）

朝鮮半島で対立し合っている韓国と北朝鮮が仮に統一すれば、日本によって祖国を滅ぼされたという歴史を共有しているわけですから、その歴史をバネとして日本にどういうことをしてくるかわからないと言っているように見えます。

朝鮮半島の情勢を踏まえれば日本もいつ戦争に巻き込まれるかわからず、軍隊は必要なのだが、憲法第九条が足かせとなって、若年層が「只ボンヤリ戦争に行くやうになる事を何でもいや」と思い込むようでは、侵略される恐れは十分にある。一九一〇（明治四三）年の韓国併合とは逆の事態が起こる可能性すら考えていたわけです。

第3章

戦前・戦中観

時勢には逆らえない

天皇はしばしば戦争へと突入していった昭和戦前や戦中について回想していますが、その際に出てくるのが「時勢」「勢」という言葉です。

今回の戦争はあゝ一部の者の意見が大勢を制して了つた上は、どうも避けられなかつたのではなかつたかしら。（中略）しきりに勢の赴く所、実に不得已《やむをえざる》ものがあつたといふ事を仰せになる（一九五二年五月二八日）

形は命令一本で出て行くといふ事になるかも知れぬが、実際は善悪は別として世論とはいへぬとしても時勢の勢がそういふ趨勢になつて、又実際は下剋上のわるい弊風の致す処といふべきだが、何《いず》れにしてもそういふ時の勢の裏付なしに命令一下出来るものではない。実際の時の勢の赴く所に押し切られるので、近衛（文麿、元総理大臣）のやうな人でも押切られた。（一九五三年五月五日）

私など戦争を止めようと思つてもどうしても勢に引づられて了つた。（中略）結局勢といふもので戦争はしてはいかぬと思ひながらあゝいふ事になつた（同年五月一八日）

近衛文麿が戦争を止めることができなかったのも、天皇自身が戦争を止めることができなかったのも、すべては「時勢」「勢」のせいだとしているわけです。この言葉は、「兎に角皇室と国民との関係といふものを時勢にあふ様にして、もつとよくしていかなければと思ふ」（一九五一年一〇月一〇日）という具合に、過去ばかりか未来に対しても使われます。

ここで思い出されるのは、終戦の詔書（「大東亜戦争終結ノ詔書」）の次のくだりです。「朕深ク世界ノ大勢ト帝国ノ現状トニ鑑ミ」「世界ノ大勢亦《また》我ニ利アラス」「然レトモ朕ハ時運ノ趨《おもむ》ク所」「世界ノ進運ニ後レサラムコトヲ期スヘシ」。

これらの「大勢」「時運」「進運」が、「時勢」「勢」とほぼ同じ意味なのです。詔書自体は天皇が作成したわけではないのに、まるで天皇自身が作成したかのように錯覚してしまうほどです。天皇は一九四五年八月にポツダム宣言を受諾し、降伏を決断した理由までも「時勢」「勢」に求めていたように見えるのです。

天皇には、自らが主体となって歴史を動かしたという感覚がありません。これでは、たとえ終戦の詔書の「五内為ニ裂ク」を念頭に置きながら「五内裂くといふ文句があるだらう、あれは私の道徳上の責任をいつたつもりだ」(一九五一年八月二二日)と述べたとしても、結果に対する責任を感じていたとは言えない。あたかも天変地異のごとく、すべては自らの手の届かないところで起こっているのであり、「そうなってしまったのだから仕方がない」ということになってしまいます。

詔書の草案を作成した内閣書記官長の迫水久常から修正を依頼された陽明学者の安岡正篤《まさひろ》は、降伏は天皇自身が主体的に命じなければならないとして、「時運ノ趨ク所」を「義命ノ存スル所」にするよう主張しました。けれども受け入れられることはありませんでした(老川祥一『終戦詔書と日本政治——義命と時運の相克』、中央公論新社、二〇一五年)。

丸山眞男は東京裁判(極東国際軍事裁判)に出廷したA級戦犯たちの答弁を分析し、そこに「既成事実への屈服」という共通の特徴が見られると指摘しました。「満洲事変以来引続いて起つた政治的事件や国際協定に殆ど反対であつた旨を述べている被告たちの口供書を読むとまるでこの一連の歴史的過程は人間の能力を超えた天災地変のような感を与える」「ここで「現実」というものは常に作り出されつつあるもの或は作り出されて行くものと考えられないで、作り出されてしまつたこと、いな、さらにはつきりいえばどこからか起つて来たものと考えられていることである」(『軍国支配者の精神形態』、『増補版　現代政治の思想と行動』、未来社、一九六四年所収)。この指摘は昭和天皇にもそっくり当てはまるのです。

張作霖爆殺事件と満州事変

もし天皇が過去に起こったすべてのことを「時勢」によって正当化するならば、人知を超えたところで歴史は動いていたことになり、過去に対する反省や後悔などはいっさい生じないことになります。しかし実際には、そこまで徹底しているわけではなく、いくつかの出来事については反省や後悔の念を口にしています。

天皇が後悔の念をしばしば表明した昭和最初の事件は、一九二八年六月四日に起こった張作霖爆殺事件(満州某重大事件)でした。第2章「政治・軍事観」で触れたように、関東軍参謀の河本大作が内閣や陸軍上層部の許可をとらず、単独で満州を支配していた奉天軍閥の指導者、張作霖を爆殺した事件で、立憲政友会の田中義一内閣が下した処置が天皇の怒りを買い、天皇が直接田中を叱責したことでも知られています。天皇はこう述べています。

張作霖事件の処罰を曖昧にした事が後年陸軍の紀綱のゆるむ始めになつた。(中略)此(田中)内閣の張作霖事件のさばき方が不徹底であつた事が、今日の敗戦に至る禍根《かこん》の抑々《そもそも》の発端(一九五一年六月八日)

本当は田中内閣の時にもつと強くやればよかつたのだ。(一九五二年二月二六日)

田中内閣の時に張作霖爆死を厳罰にすればよかつたのだ。(同年五月三〇日)

内閣や陸軍上層部のコントロールがきかないところで、佐官クラスの将校が勝手に事件を起こした。つまり下剋上を起こしたわけです。それなのに軍法会議も開かず、内閣がうやむやに処置しようとした。天皇は直接田中を叱責しましたが、あれだけでは足らなかった、思えばあのときから敗戦は運命づけられていたと後悔しているのです。

同じことが一九三一年九月一八日に勃発した満州事変でも繰り返されました。関東軍参謀の板垣征四郎と石原莞爾《かんじ》が、内閣や陸軍上層部の許可をとらず、勝手に柳条湖事件を起こし、それを中国軍の犯行だとして満州全土を軍事占領したからです。しかし天皇は「私の勝手のグチだが」と断りつつ、張作霖爆殺事件とは異なる視点から言及しています。

米国が満州事変の時もつと強く出て呉れるか、或いは適当に妥協してあとの事は絶対駄目と出てくれゝばよかつたと思ふ（一九五〇年一二月一日）

米国は満州事変に対して当初静観していましたが、日本の軍事行動が拡大するにつれ、スティムソン国務長官ら国務省内から対日強硬論が浮上します。しかしフーヴァー大統領や英国の同調を得られず、「スティムソン・ノート」という形で日本の軍事行動を承認しないという消極的な姿勢を表明するだけにとどまりました。

天皇はこれに対して、米国がこの時点で対日経済制裁のような、より強硬な措置をとるか、満州事変は「妥協」してもこれ以降の軍事行動は絶対に認めないという強い態度に出ていたら、日中戦争も太平洋戦争もなかったと言っているように見えます。確かに「勝手のグチ」と言うほかはない発言です。

満州事変やそれに派生して起こった第一次上海事変については、この発言と矛盾したことも言っています。

私は、支那人といふのは面子の為か何か知らぬが、真正面から話してはうまく行かぬ国民と思ふ。満洲事変の時の馬占山《ばせんざん》（中華民国の軍人）でもそうであつたし、錦州で長城線を越す越さぬといふ時もそうであつたし、又（第一次）上海事変のある時機もそうであつたが、いつでも停戦とか休戦とかいふ時にはこちらが強く出なければ駄目で、休戦の相談故余り軍（戦）せぬやう仕向けて丶は迚《とて》も見込なし。逆に戦はぬつもりをい丶事にして攻めて来るといふ様な事がある。（一九五二年七月一一日）

中国人に対して懐柔策というのは効かない。徹底的に攻めなければ停戦や休戦はできないと言っています。関東軍の守備範囲を逸脱するチチハルや錦州への出兵はもちろん、第一次大戦後初めての都市空爆とされる錦州爆撃や、日露戦争以降最大の戦死者を出した第一次上海事変を正当化する発言にしか見えません。日中戦争のときには徹底的に攻めなかったから満洲事変と違って停戦できなかったと言っているようにすら見えます。

二・二六事件の忌まわしい記憶

天皇を悩ませた陸軍は、関東軍だけではありませんでした。国内においても、天皇親政のもとでの国家改造を「昭和維新」と称してそれを目指す「皇道派」と、合法的な手段で総力戦体制の構築を目指す「統制派」の対立が激しくなります。

天皇が特に嫌っていたのは、皇道派の中心人物で、二・二六事件を起こした青年将校にも影響を与えた真崎甚三郎でした。A級戦犯にならなかったのはおかしいとまで言っています（一九五三年四月一六日）。一九五〇年八月には自衛隊の前身に当たる警察予備隊が発足しましたが、その幹部を旧軍人にするのではないかと考えた天皇は、「青年将校といふは昔真崎〔甚三郎〕の教育を受けたもので、士官学校卒業のものが其教育で昔通りのやうな事が再現するやうな事は困る」（一九五〇年一一月七日）と危惧しています。

この発言に続けて天皇は、二・二六事件を念頭に置いたと思われる発言をしています。

> 青年将校は私をかつぐけれど私の真意を少しも尊重しない。むしろありもせぬ事をいつて彼是極端な説をなすものだ。マージヤンなど私はしないのにそれをやるなど、いつた。auction bridge〔トランプのゲーム〕は私はやるけれどもマージヤンはしない。私の真意のやうな軍人の精神ならい、が、真崎流の青年将校のやうな軍人の精神は困る（同）

天皇にとって、「真崎流の青年将校」が起こした二・二六事件は忌まわしい記憶以外の何物でもありませんでした。第2章「政治・軍事観」で触れたように、五・一五事件については「動機は必しも悪いとはいへない」(一九五三年一月一四日)としていましたが、二・二六事件については当初から怒りをあらわにしていました。

『拝謁記』の編者の一人である河西秀哉さんもまた天皇のこの発言に注目し、二〇二三年八月一五日付の「文春オンライン」で「ここで麻雀の話が出てくるのは、そうした皇道派の青年将校たちが昭和天皇は夜な夜な麻雀をしているような遊んでいる人物であり、それを糺す必要がある、弟の秩父宮を即位させるべきと主張していたことが念頭にある」と指摘しています。

これは鋭い指摘です。実際に秩父宮は、二・二六事件の翌日、青森県の弘前から夜行列車で上京してきます。なぜ上京してきたのかはわかっていませんが、天皇に代わる秩父宮の即位を待望する青年将校の気持ちにこたえようとしたという説と、反対に天皇を補佐して事件の鎮圧に協力しようとしたという説に大きく分かれています。

後者の説をとる保阪正康さんは、二〇一五年二月に皇居内の御所で現上皇と会ったときのやりとりを明かしています(「両陛下に大本営地下壕をご案内いただく」、『文藝春秋』二〇二三年二月号所収)。

私は秩父宮妃殿下に会って話もうかがっているし、資料の提供をいただいたこともあった。そういう経験をした者のひいき目もあるかもしれないと思いながらも、こう申し上げた。

「秩父宮殿下が二・二六事件に関与したとか、青年将校にかつがれる危険性があったという見解は間違いだと思います」

すると陛下は意外なことに、

「そうですかあ」

と腑に落ちない表情でおっしゃった。語尾の「か」が上がった明らかな疑問を呈する言い方だった。「秩父宮さんも苦労されたようですね」といった返答を予想していた私は一気に冷や汗が出た。

これは非常に興味深いやりとりです。保阪さんの説に対して、現上皇は明らかに疑問符をつけたというのです。言い換えれば、秩父宮は青年将校の期待にこたえるべく、事件に呼応して上京してきたのではないかと暗に示唆しているわけです。

　何らかのはっきりした根拠がなければ、現上皇がこうした返答をするはずはありません。現上皇は昭和天皇から直接、二・二六事件に関する真相を知らされていたのでしょう。「拝謁記」にははっきりと記されていませんが、天皇が真崎の影響を受けた皇道派の青年将校をこれほど嫌悪するのは、二・二六事件の際、彼らが担ごうとした秩父宮によって皇位を危うくされたという体験があったからではないでしょうか。

日中戦争と太平洋戦争

　天皇は満州事変の発端となった柳条湖事件については「明かに日本のやつた事」だとする一方、日中戦争の発端となった盧溝橋事件については「あの当時から日本側でもなく支那側でもなく第三者がやつたといふ様な話をきいてた」「事変を起させる為に第三国がやつたのだとの説もあつた」としています（一九五三年一〇月九日）。この発言を見る限り、日中戦争に対する責任は感じていないように見えます。

　しかしながら、「時勢」には逆らえないと言っていた日中戦争に対しても、反省や後悔を意味する発言をしたことがありました。

支那事変で南京でひどい事が行はれてるといふ事を、ひくい其筋でないものからウス〳〵聞いてはゐたが、別に表だつて誰れもいはず、従つて私は此事を注意もしなかつたが、市ケ谷裁判で公になつた事を見れば実にひどい。私の届かぬ事であるが、軍も政府も国民もすべて下剋上とか、軍部の専横を見逃すとか皆反省すればわるい事があるから、それらを皆反省して繰返したくないものだ（一九五二年二月二〇日）

これは日中戦争で日本軍が南京を攻略した一九三七年一二月に起こったとされる南京事件を指しています。天皇は当時「ウス〳〵聞いてはゐた」この事件が、「市ケ谷裁判」、すなわち戦後の東京裁判で大々的に明らかになるに及んで、「実にひどい」と感想を漏らしています。南京事件もまた先に触れた張作霖爆殺事件や満州事変と同様、現地の陸軍における「下剋上」の風潮が引き起こしたと見ているのです。

一九四一年一二月八日に勃発した太平洋戦争（当時の言葉では「大東亜戦争」）は、満州事変や日中戦争とは異なり、御前会議で開戦を決定し、米英に宣戦を布告しました。天皇はこのときの詔書で「豈《あに》朕が志ならんや」と言っていることを理由に、戦争は本意でなかったとしています

（一九四九年三月二四日）。また「私はあの時東条にハッキリ英米両国と袂を分つといふ事は実に忍びないといつた」ともしています（一九五二年三月一一日）。天皇のこうした弁明に対して、田島は「形式的には宣戦の詔勅は陛下によつて発せられました事故《ゆえ》、政治の実際の事の分りませぬ者は陛下の御決断がそこにあつたと信じまする事は当然」（一九五三年一〇月一四日）と反論しています。

真珠湾攻撃の淵源は、米国、英国、日本の主力艦の比率を5：5：3にした一九二二（大正一一）年二月のワシントン海軍軍縮条約にあったというのが、天皇の認識でした。

五五三の海軍比率が海軍を刺激して、平和的の海軍が兎に角く、あゝいふ風に仕舞ひに戦争に賛成し、又比率関係上堂々と戦へずパールハーバーになつたの故、春秋の筆法なればHughes国務長官（Charles Evans Hughes チャールズ・エヴァンズ・ヒューズ、元国務長官）がパールハーバーの奇襲をしたともいへる（一九五〇年一二月一日）

ヒューズは米国の首席全権で、5：5：3の比率を提案した人物です。天皇は、日本のこの比率の低さが真珠湾の奇襲攻撃につながったと見ているわけです。『春秋』は儒教の経典の一つで、孔子が制作に関わった歴史書ですが、これを「春秋の筆法」と断っているところにも、儒教を重んじた東宮御学問所の倫理担当、杉浦重剛からの影響が見られると思います。

山本〔五十六《いそろく》〕は非戦論者なりしも、あれ以外の手は日本の力としては出来ぬといふてと仰せあり。又之を遡れば parity の問題の不合理、倫敦《ロンドン》、ワシントン会議の事に遡るとの御話あり。（一九五三年四月一六日）

文中の「あれ」は真珠湾攻撃を指します。parity は同等、同格という意味で、米国や英国と同等の軍備を指します。

戦前の海軍では、ワシントン海軍軍縮条約に続いて米国、英国、日本の補助艦の比率をほぼ10：10：7に定めた一九三〇年のロンドン海軍軍縮条約に不満をもち、parity を主張する「艦隊派」と、条約を守るべきだとする「条約派」の対立が深まりました。ここでも天皇は真珠湾攻撃を考え出した連合艦隊司令長官、山本五十六の発言をもとに、太平洋戦争の淵源をワシントン海軍軍縮条約やロンドン海軍軍縮条約に求めています。

真珠湾攻撃が成功したことについては、「Pearl Harbor 戦争に勝つたはよかつたが、敗ければ緒戦の華やかさがなくて今よりよかったかも知れぬ」(同)と言っています。「今よりよかった」が具体的に何を意味しているか不明ですが、もっと早く戦争を終わらせることができたと考えていたのでしょうか。なまじ緒戦で連戦連勝を重ねたために、引くに引けなくなってしまったという天皇の本音があらわになっています。

米軍は空襲の標的を定めていた

一九四二年六月のミッドウェー海戦で大敗したのを機に、戦局は完全に逆転します。四四年七月にはサイパンが陥落し、東条英機内閣が総辞職しました。絶対国防圏の一角が崩れたことで、同年一一月からはついに東京でもB29爆撃機による本格的な空襲が始まります。

天皇が母親の皇太后節子(貞明皇后)をどう思っていたかについては第6章「人物観1」で詳しく触れますが、皇太后はどれほど空襲がひどくなっても「かちいくさ」にこだわり続け、天皇も皇太后の意向に逆らうことができなくなっていました。この点については前に挙げた『昭和天皇』や『「昭和天皇実録」を読む』、そして『皇后考』(講談社学術文庫、二〇一七年)や「戦中期の天皇裕仁と皇太后節子」(御厨貴編著『天皇の近代　明治150年・平成30年』、千倉書房、二〇一八年所収)でも詳細に記しました。

皇太后は太平洋戦争が勃発した一九四一年一二月から一年間、沼津御用邸に疎開していましたが、東京に戻ってくると住まいの大宮御所を離れることはありませんでした。一九四五年六月、天皇は皇太后に軽井沢への疎開を勧めたのに対し、皇太后はこれを拒絶しています。

同年五月二五日の空襲で大宮御所が全焼し、皇太后は危機一髪のところで防空室に移りました(宮内公文書館所蔵「貞明皇后実録」同日条)。また皇太后が疎開していた沼津御用邸の本邸も、七月一七日の沼津大空襲で焼けました。なお宮城《きゅうじょう》(皇居)内の明治宮殿も五月の空襲で焼けましたが、これは類焼であって、米軍が直接標的にしたわけではありませんでした。もちろん空襲を想定し、天皇、皇后の住まいとして建てられた御文庫は焼けませんでした。

戦争末期の空襲について、天皇はこう言っています。

> 宮城は焼かぬが大宮御所を焼き、又沼津本邸を焼き、米国飛行士の話では、私の安心上早く終戦にする為との風説があつたが、単に風説ともいへぬ。(一九五〇年七月一四日。傍点引用者)

「拝謁記」に収録された天皇の発言のなかで、最も驚かされたものの一つです。

米軍が大宮御所や沼津御用邸本邸を空襲したのは、天皇とは異なり、戦勝にこだわる皇太后を標的にすることで、「私の安心上早く終戦にする為」だったという風説があった。これは単に風説とも言えない、つまり信憑性があると言っているわけです。どうやら天皇は、宮中における皇太后と天皇の確執を米国が把握していた可能性があると考えていたようです。

一九三八年三月一二日に駐日英国大使館から外務大臣のエドワード・ウッド（初代ハリファックス伯爵）に届けられた機密文書には、「皇太后は常々、現天皇を嫌っている。彼女は弟の秩父宮を愛しており、慈禧《じき》太后（西太后）が溥儀《ふぎ》（宣統帝）を愛し、光緒帝を嫌った歴史を繰り返している」（英国ナショナルアーカイブス所蔵文書F０３７１／２２１７８所収、原文は英語）という一節がありました（前掲『皇后考』）。皇太后が清末の西太后に匹敵する権力をもっていると伝えているわけですが、天皇の発言が正しければ、戦時中の米国はこれを上回る情報収集能力があったことになります。

皇太后の意向に逆らえず、戦争終結の判断が遅れたことを悔やんでいた天皇は、そもそも皇太后が戦争に口出しするべきではないと考えていました。天皇がこの発言をしたときには朝鮮戦争が始まっていて、六月二九日には国籍不明機が北九州に接近しました。この発言があった前々日の七月一二日には皇太后が御文庫を訪れ、夕食をともにしましたが、天皇はそのときのやりとりを明かしています。

空襲の事なきを保証するかとおたゝ様仰せになり、神様でないから保証と仰せになつても困りますが、米国は原子弾をももち内外形勢上ないと思ひます。又宮廷から防空の事などさわぐのはよくありませんと申上げておいた（一九五〇年七月一四日）

「おたゝ様」は宮中言葉で母のことです。「宮廷から防空の事などさわぐのはよくありません」という天皇の皇太后に対する忠告に、太平洋戦争末期の苦い体験が反映していたと見ることもできなくはないと思います。

条約の信義を重んじたから戦争終結が遅れた

もう一つ、天皇が戦争終結の判断が遅れた理由として挙げているのが、一九四一年一二月一一日に同じ枢軸国であるドイツ、イタリアとの間で結ばれた「日独伊三国単独不講和条約」でした。

実は私はもつと早く終戦といふ考を持つてゐたが、条約の信義といふ事を私は非常に重んじてた為、単独講和はせぬと独乙《ドイツ》と一旦条約を結んだ以上、之を破るはわるいと思つた為、おそくなつたのだよとの仰せにて、軍部が単独講和せぬと条約を結んだのは、独乙が勝つ事を日本軍閥は信じきつて居り、ロシヤを攻めて安易に勝ち、そして単独講和を結べば日本にのみか連合軍が攻めて来るのでその防ぎにあゝいふのを結んだが予想に違つたのだ。

（一九五二年二月二六日）

軍部がこの条約を結んだのは、第二次大戦でドイツが勝つという前提のもと、もしドイツが単独講和を結べば連合国軍は日本に攻めてくるからこれを防ぐためだったが、実際にはそうならなかった。しかしいったん条約を結んだからには、日本も単独講和をするべきではないと考えていたと天皇は言っています。

一九四六年に天皇が語った言葉を宮内省御用掛の寺崎英成がまとめた『昭和天皇独白録』でも、天皇は「一度何処かで敵を叩いて速かに講和の機会を得たいと思つたが、独乙《ドイツ》との単独不講和の確約があるので国際信義上、独乙より先きには和を議し度くない。それで早く独乙が敗れてくれゝばいゝと思つた程である」と発言しています（『昭和天皇独白録　寺崎英成・御用掛日記』、文藝春秋、一九九一年)。

イタリアは一九四三年九月に、ドイツも四五年五月に降伏したことで、この条約は空文化したはずでした。「もつと早く終戦といふ考」を持っていたなら、なぜドイツが降伏した時点でそれを考えなかったのか。天皇の発言は、四五年五月以降もなお戦争の継続にこだわったことに対する説明にはなっていません。

ソ連参戦が戦争を終わらせた

戦争末期の日本では、日ソ中立条約を結んでいたソ連の仲介による終戦工作の動きがありました。しかしソ連は、一九四五年二月のヤルタ密約で米英と協定を結び、日本との戦争に参加することが決まっていました。日本からの打診に対してソ連が返答を引き延ばしたのは、まさにこのためでした。

天皇は終戦工作とソ連の参戦につき、こんなことを言っています。

私が戦争を仲裁して止めてくれ、条件は無条件降伏の心組で其頃はゐたが……と頼んだのを拒絶し、あまつさへ、一年間期限の残る中立条約を蹂躙《じゅうりん》して宣戦して来るのがスターリンだからネーとの仰せ。これはスターリンとしては私は失敗だと思ふ。なぜなら、此時こちらの頼み通り仲に立てば、米軍勢力下に日本が在るよりはもつとソ連勢力下になつてたに違ひないからだ。（一九五一年一〇月三〇日）

天皇は一方で、中立条約を一方的に破棄して火事場泥棒のように参戦したスターリンの態度を強く批判します。しかし他方、ソ連が参戦したおかげで、戦後の日本はソ連の勢力圏に入らずに済んだとも言っているわけです。全面的にソ連を当てにした終戦工作を後悔しているわけでもないような発言です。

続けてこうも言っています。

もつと早く私が終戦させようと思つても陸軍が中々駄目だ。其点からはおかしな話だが、スターリンの参戦といふ事で陸軍もあきらめがついたといふ事にもなるのだ。（同）

ここでもソ連の参戦に感謝するようなことを言っています。ソ連の参戦によって、本土決戦を主張していた陸軍も「あきらめがついた」ため、戦争を終わらせることができたと回想しているからです。

天皇の言う「陸軍」は、当時の鈴木貫太郎内閣の陸軍大臣で、本土決戦を一貫して主張していた阿南惟幾《あなみこれちか》らを指しているように見えます。ソ連が参戦した八月九日の深夜におよんだ最高戦争指導会議で、阿南はポツダム宣言の受諾をめぐって四つの条件を付けつつ、交渉が決裂した場合には戦争をなお継続すべきだとしました。

外務大臣の東郷茂徳《しげのり》が国体護持以外の条件に反対し、即時受諾すべきだとして阿南と対立し、最終的には天皇が東郷に同意する「聖断」を下したことはよく知られています。しかし天皇は、阿南も最終的にはこの聖断を受け入れたことが幸いしたと見ているのです。「終戦は鈴木〔貫太郎〕、米内〔光政〕、木戸〔幸一〕、それから陸相の阿南、と皆私の気持をよく理解してゝくれて其コムビがよかつた。（中略）阿南があの時辞表を出さなかつたのは実によかつた」（同）と言っているように、天皇は内閣に最後までとどまり、閣内不一致で内閣を瓦解させなかった阿南の態度を評価しています。

第4章

国土観

どこまでが日本の範囲か

敗戦によって日本は植民地や占領地をすべて失いましたが、天皇は日清戦争以前の領土を日本固有の領土と考えていたようです。具体的には、北海道はもちろん、千島、小笠原、奄美、沖縄など周辺の島々を含めた列島を日本と考えていたということです。

実際には、小笠原、奄美、沖縄、千島が、敗戦後もなお米国やソ連の統治下に置かれていました。このうち米国が統治していた奄美は一九五三年一二月に、小笠原は一九六八年六月に、沖縄は一九七二年五月にそれぞれ返還されたのに対し、北方領土(歯舞《はぼまい》、色丹《しこたん》、国後《くなしり》、択捉《えとろふ》)を含む千島は日本がポツダム宣言を受諾した直後の一九四五年八月から九月にかけてソ連軍が侵攻し、占領したまま今日に至っています。

独立を回復した一九五二年四月二八日の時点では、小笠原や沖縄に加えて奄美もまだ返還されていませんでした。天皇は第1章「天皇観」で触れた同年五月三日の「平和条約発効並びに日本国憲法施行五周年記念式典」で読み上げる「おことば」の案に「国土を縮め」という文言が入っていることにつき、「国土を縮めといふのが朝鮮、台湾のことが何か感じのわるいといふなら別だが、奄美大島などを失ふ事について何もいはぬのは、見捨てゝ何でもないといふ事は私はどうも……」(同年四月一四日)と発言しています。天皇としては、植民地だった朝鮮や台湾とは異なり、奄美などは日本の国土の一部であることを言明したかったのでしょう。しかしこの天皇の希望がかなうことはありませんでした。

それでも奄美は一年半あまり後に返還されたのに対し、小笠原と沖縄の返還はまだ決まっていませんでした。天皇は独立回復前にこう発言しています。

MCから国民の熱望でも、沖縄と小笠原を領土としないと吉田にいつたらしい。そうすると徳川時代以下となる事だ。これは誠に困つた事で、たとへ実質は違つても主権のある事だけ認めてくれると大変いゝが、同一人種民族が二国になるといふ事はどうかと思ふ(一九五一年一月二四日)

「MC」はマッカーサーのことです。マッカーサーが首相の吉田茂に、沖縄と小笠原は日本の領土としないと言ったのは困ったことだと天皇は発言しています。この発言からは、江戸時代までの沖縄が琉球王国という、日本とは別の王国だったという認識はうかがえません。言い換えれば、明治初期の琉球処分による沖縄併合を正当化し、日清戦争以前の領土を本来の日本固有の領土と考えていたことがわかるのです。

その後、マッカーサーが解任されたこともあり、天皇の心配は杞憂《きゆう》に終わりました。天皇にとって米国と対照的に映ったのは、ソ連の態度でした。

日韓関係の事もアメリカは骨折つてるし、奄美大島は返すし、沖縄は先日の国体にも出るやうな事を沖縄に対してもしてるし、してるのは自国の為といふ事は勿論あるが、日本の為になつてるは確かだ。之に反してソ連は千島を未だ返さず、万事ソ連はひどいのに、此両方の対照的にも関らず、平和の美名の為に迷つて、日本では親ソ反米の空気が相当ある事は慨《なげかわ》しい事だと思ふ。(一九五三年一一月一一日)

「沖縄は先日の国体にも出るやうな事を沖縄に対してもしてる」というのは、一九五二年に開催された第七回国民体育大会に初めて沖縄の選手団が参加したことを意味しています。返還自体はまだだとしても、五一年一月二四日の発言とは異なり、米国が沖縄を日本の領土の一部だと認識していると評価しているわけです。

一方、ソ連はいまだに千島を返していない。この「千島」が全千島を指すのか、それとも北方領土だけを指しているのかははっきりしません。一九五一年のサンフランシスコ講和条約で千島列島と南樺太を放棄したことを踏まえれば北方領土だけでしょうが、ソ連はこの条約に調印しませんでした。一八七五（明治八）年にロシアとの間に結ばれた樺太・千島交換条約で、日本は全千島を領有しています。

天皇が日清戦争以前の領土を日本固有の領土と考えていたなら、全千島ということになります。ちなみに日本共産党は、「暴力や戦争で他国から奪った領土ではなく、平和的な外交交渉によって日本への帰属が最終的に確定したもの」という理由から、いまでも全千島を「日本の歴史的な領土」としています（「日本共産党ホームページ」）。

北海道に対する認識

第1章「天皇観」で少し触れたように、一九五〇年六月に朝鮮戦争が勃発する直前から、戦後巡幸で最後に残った北海道への巡幸を希望する天皇の発言が多くなります。一部重複しますが、もう一度それらの発言をまとめて引用してみます。

陛下はＭＣと御会見の節、北海道御巡幸は米国が事あるのとき、北海道をソ連の手に渡すかも知れぬといふデマを破る為、陛下の御巡幸を非常に希望し早い方よしと思ひ居る位故、よく話してそれでよければそれでよいとの旨の御話あり。（一九五〇年六月一三日）

北海道は朝鮮の問題ともにらみあはせて早い方がよいと思ふので、七月に行つてはどうか（同年六月二六日）

北海道巡幸も、有事の際、米国が北海道の事は構つて居られぬといふ事のデマの打消の為には、昨今の状況で今日にでも行く方がよいと思ふが、又私の身辺に思はぬ事等出来れば、それは御巡幸よりもつと悪い危険性があり、中々六ケしいと同じだ（同年七月一〇日）

有事の際、米国は北海道をソ連の手に渡すかもしれないというデマを払拭するためにも、北海道には早く行きたいと発言する一方、いざ朝鮮戦争が勃発すると米軍の勢力を朝鮮半島にとられて北海道の警備が手薄になり、「私の身辺に思はぬ事等」が起こる危険性があるから「中々六ケしい」とも発言しています（天皇の朝鮮戦争観については第5章「外国観」でも取り上げます）。

それでも、北海道を訪れたいという気持ち自体が変わることはありませんでした。天皇にとって、北海道がソ連と接しているということは、それだけ共産主義が侵入しやすい条件にあるということであり、ソ連による侵略を受けやすいということでもありました。だからこそ余計に訪れたかったわけです。

その心境を示すのが以下のやりとりや発言です。

北海道は今少しどうかはつきりせねばと存じますと申上げし処、そういふ所故行けばそれだけいゝのだ。又休戦になつた故、朝鮮をやめて北海道へ来るといふ事も考へられるから、休戦はどうも（一九五一年七月六日）

朝鮮の休戦条約があんな風なのも、私は九月八日の調印と関連があるやうに思はれるので、調印したらばその機会にプレゼント（皮肉な贈物といふ意味らし）に朝鮮の大攻撃を初《〔ママ〕》めるか、或は日本の北海道にでも来るかといふ事もあり得るのではないかしら（同年八月二八日）

北海道が一つ残されたといふ事と、行けば共産化に対する防衛になるといふ点で行きたいと思つてる。（一九五二年三月二六日）

ソ連が日本へ来る間には、近い欧州へ出ると簡単に片付けてるが、現に千島や南樺太に空挺隊をおき、一葦（衣）帯水の処であり、本州には来ぬにしても北海道に来ぬとはいへぬと思ふ（一九五三年一一月二四日）

一番目の発言の四日後の一九五一年七月一〇日から、北朝鮮の開城《ケソン》で休戦協議が始まります。もし休戦になれば北朝鮮を支援していたソ連軍が北海道に来ることも考えられるから、北海道のためには朝鮮戦争が続いてくれるほうがよいと天皇は言っています。

二番目の発言では、朝鮮戦争の休戦協議がなかなか進まないのは五一年九月八日に連合国との間に調印されるサンフランシスコ講和条約と関係があり、調印されれば「プレゼント」としてソ連軍が北海道に来ることもあり得るとしています。

四番目の発言の時点では、すでに休戦協定が結ばれていました。日本の植民地だった南樺太や、いまでも日本の領土のはずの千島に、ソ連は空挺隊を置いている。その気になれば、ソ連軍は宗谷海峡や根室海峡を渡って簡単に北海道に攻め込むことができるという天皇の危機感が増していたのがわかります。

二〇二一年に芥川賞の候補作となった砂川文次さんの『小隊』（文藝春秋、二〇二二年）は、ロシア軍が根室海峡を渡って道東の標津《しべつ》町に上陸し、自衛隊と交戦する小説でした。まだ自衛隊がなかった当時、天皇は本気でソ連軍が上陸してくる可能性を考えていたわけです。

もちろん北海道は日本の国土の一部ですから、ソ連に占領されるようなことがあってはならない。天皇は東大総長の南原繁が一九五〇年一月に米国から帰国した際、「北海道は一時占領されても仕方ないといふ様な事」を言ったとして、「〔こういう〕大学総長は困る」とこぼしています（一九五一年一〇月三〇日）。もっとも田島が「一寸記憶なきも」と記しているように、南原が本当にそう言ったかどうかは確認されていません。

天皇が北海道にこだわった背景には、一九三六年九月に陸軍特別大演習の統監と地方視察を目的として北海道を訪れたときの体験があったと思われます。京都や伊勢神宮への行幸を除けば、これが天皇にとって戦前最後の地方行幸でした。

同年九月二六日には、ソ連に対する守りを主な任務としていた旭川の第七師団の練兵場で、三万人あまりを集めての親閲式が行われました。

午後二時五十七分、行在所《あんざいしょ》（偕行社）を御出門、三時、御親閲場に着御され、在郷軍人・学校生徒・青年団及び消防組総計約二万五千名による分列式に臨まれ、女学校生徒・女子青年団総計約六千名による奉迎歌の奉唱を受けられる。（『昭和天皇実録』同日条）

このような親閲式は全国各地で行われてきましたが、戦前最後の親閲式の記憶はひときわ鮮明だったでしょう。同じ日の夜には、「旭川市主催による男女中小学校生徒児童・男女青年団及び一般市民団体総計約二万名の奉祝提灯行列」（同）を偕行社のバルコニーから見ています。もう一度北海道を訪れることができれば、陸海軍の解体に伴い第七師団はすでになくなっているにもかかわらず同様の光景が再現され、人々が隣国の共産主義に染まることもなく、防衛意識を高められると考えていたのかもしれません。

九州に対する認識

九州は朝鮮半島に近いことから、一九五〇年六月二五日に勃発した朝鮮戦争によって直接危害が及ぶ可能性があるのは、北海道よりも九州のほうだと天皇は考えていました。戦争が勃発した翌日の六月二六日には、早くもこう発言しています。

日本人としては願はしい事ではないが、九州に若干の兵をおくとか、呉に海軍根拠地を設けるとか、兎に角日本の治安の問題に注意して貰はねば困るし、朝鮮の問題に鑑みて総て早く処置をとって貰ひたいと思ふ。（同年六月二六日）

これは韓国に侵攻した北朝鮮軍が朝鮮半島を制圧するばかりか対馬海峡を越え、九州北部を襲撃することを想定した発言でしょう。「追放に値するものは仕方がないが、その外追放に値しない人には一日も早く解放せねば駄目だ」（同）とも言っています。陸海軍が解体されたにもかかわらず、公職追放された職業軍人のうち、「追放に値しない人」を一刻も早く解除し、九州を防備すべきだとまで主張しているわけです。鎌倉時代の元寇の際、全国の武士団に対する指揮命令権を与える宣旨《せんじ》を執権の北条時宗に下したばかりか、自ら「敵国降伏」を祈願し、その宸筆《しんぴつ》（天皇自身の直筆）を九州の筥崎宮《はこざきぐう》に奉納した亀山上皇を彷彿とさせます。

一方、首相の吉田茂は、朝鮮戦争が勃発した六月二五日には箱根の木賀温泉に滞在していましたが、帰京したのは翌二六日になってからでした（原武史『戦後政治と温泉』、中央公論新社、二〇二四年)。七月一四日に天皇と会った吉田は、天皇と全く異なる認識をもっていました。吉田の発言を、天皇は田島に伝えています。

今日吉田総理が来て、朝鮮の問題は、第三世界戦争にならぬ限り、又アメリカがまづい事をしない限り、日本にとってはむしろよい影響がありますといってた。第一は全面講和などいふ議論が吹きとぶに都合よくなつたことが一つ、今一つは企業面がよくなり失業者の減少になることでとの仰せ(同年七月一四日)

吉田は、北朝鮮軍が九州に攻め込む可能性はまずないと考えていました。それどころか、「日本にとつてはむしろよい影響があります」とにらんでいました。実際にサンフランシスコ講和条約は西側諸国中心の片面講和となり、朝鮮戦争を機に「朝鮮特需」が生まれたことを踏まえると、吉田の見通しは当たっていたと言えるでしょう。

天皇も考えを改めたのか、七月以降、九州の防備について発言をしなくなります。第3章「戦前・戦中観」で見たように、「空襲の事なきを保証するか」と尋ねる皇太后節子に対して、「内外形勢上ないと思ひます」と答えたのがそれを示しています。ただし朝鮮戦争に伴う軍事的空白を埋めるため八月一〇日に創設された警察予備隊については、「軍隊だ」と発言しています(同年八月一〇日)。

沖縄に対する認識

奄美の返還が新聞で報じられた一九五三年八月一〇日、田島は天皇とこんな会話を交わしています。

首相等政府で希望するならば陛下から大統領に電報でも御出しになつてもよろしいといふ事を仰せになりましては如何かと存じますが。そうだ、政府でも願ふなら礼はい丶ネとの仰せ。或はその節に小笠原等も可成《なるべく》早く……と申上げし処、沖縄もだよ……然し頼む以上はこちらでもすべき事はするといはなければ、頼むだけといふ事は出来ないとの仰せ(すべき事との仰せは内灘《うちなだ》などの事を仰せのおつもりらし)。

天皇の沖縄観を探るうえで、見逃すことのできない発言です。

政府が希望するなら天皇から米国の大統領に奄美返還を感謝する電報を送ってはどうかとい

う田島の意見に、天皇も「礼はいゝネ」と同意しました。田島が続けて、小笠原もなるべく早く返還を希望すると電報に記したらどうかと尋ねたところ、天皇は「沖縄もだよ」と言いつつ、一方的に頼むだけではダメで、「すべき事はする」と言わなければならないとしています。

田島の言う「内灘」については後で触れますが、天皇の言う「すべき事」とは米軍に石川県内灘村の土地を提供するだけでなく、返還後の沖縄でも引き続き米軍に土地を提供することを意味すると思われます。

一九四七年九月、天皇は宮内府御用掛の寺崎英成を通じて、「日本に潜在主権を残した上で、アメリカが琉球諸島を二五年ないし五〇年の間占領下に置くこと」をGHQに提案しました(進藤榮一『分割された領土——もうひとつの戦後史』、岩波現代文庫、二〇〇二年)。いわゆる天皇メッセージです。沖縄返還を頼む以上、「こちらでもすべき事はする」と言わなければダメだとする天皇の発言は、天皇メッセージを裏打ちするものになっています。

内灘や浅間山を米軍に提供すべき

天皇にとって、米軍に土地を提供すべき場所は沖縄だけではありませんでした。田島が言及した石川県内灘村(現・内灘町)や、長野県軽井沢町の浅間山もそうでした。

朝鮮戦争に伴い、米軍は日本政府に対し、砲弾試射場のための土地を提供するよう要求しました。吉田内閣は一九五二年一二月、閣議で内灘を期限付きで接収することを決定し、同月には土地が接収されました。そして五三年三月には試射が始まったことから、「内灘闘争」と呼ばれる激しい反対闘争が起こりました。

もう一つ、朝鮮戦争で山岳戦に手こずった米軍は一九五三年四月、日本政府の承認を得たうえで、浅間山を無期限の演習地にすると軽井沢町に通告しました。これに対しても、「浅間山演習地反対闘争」と呼ばれる闘争が起こりました。

こうした各地での動きに対して、天皇は危惧の念を表明しています。

内灘の事で反対運動をやつてるやうだが、(中略)小笠原でも、奄美大島でも、米国は返さうと思つても、内灘でも浅間でも貸さぬといはれれば返されず、米軍の権力下においてそこでやるといふ事になる。米国の力で国防をやる今日、どこか必要なれば我慢して提供し、小笠原等を米国が返すやうにせねばいかんと思ふのに困つた事だ(一九五三年五月二五日)

日本の軍備がなければ米国が進駐して丶守つてくれるより仕方はないのだ。内灘の問題な

どもその事思へば已《や》むを得ぬ現状である（同年六月一七日）

米国に奄美や小笠原の返還を求めるなら、その見返りとして米軍に内灘や浅間山の土地を試射場や演習地として貸すしかない。日本の軍備がない以上、代わりに守ってもらうしかない。だから国土の一部を「我慢して」米軍に提供するのは「已むを得ぬ現状」なのだというのが、天皇の認識だったことがわかります。

それなのに、「内灘の問題も、随分京都の先年の全学連の連中とか労働者とかが日共的に介在して居るらしい」（同）ので「困つた事だ」（同）と発言しています。「京都の先年の全学連の連中」というのは、一九五一年一一月に天皇が京都大学を訪れた際、天皇に公開質問状を渡そうとした学生自治会を意味します。

内灘闘争をあおっているのは、日本共産党に指導された学生や労働者だと考えていたわけです。天皇は一九五三年七月一四日にもこの問題に触れ、「内灘のやうな問題も早く手を打てばよいのに、どうも共産党に乗ぜられるのを、多寡《たか》を括つてどうも楽観的のやうだ」と述べて政府の対応に不満を漏らしています。

第5章

外国観

米国の評価すべき点

天皇が戦後の米国を、最も評価すべき外国としてとらえていたことは間違いありません。それは以下の発言からも明らかでしょう。

私は講和はDulles〔John Foster Dulles ジョン・F・ダレス、国務長官顧問、米講和特使〕等の配慮で敗戦国として第一次〔世界大戦〕の独よりもどこよりも寛大な条件でよろしいと思ふ。
(一九五一年七月二六日)

朝鮮動乱でも米国が率先しなければ、英国始め誰も出兵しないし、若《も》し朝鮮の南までソ連化すれば日本はどういふ事になるか。力がないからといへばそれまでだが、経済援助も米国のみがしてくれたし、条約を結ぶとしても英国だけだつたらあれより寛大でないものになつたらうと思ふ。(一九五二年四月三〇日)

二つの発言からは、米国の経済援助のおかげで日本は復興への道を歩んでいるし、米国のダレスらの配慮によって、同じ敗戦国でも巨大な賠償金を課せられた第一次大戦後のドイツのような道を歩まずに済んでいるし、朝鮮戦争でも米国が率先して出兵してくれているという天皇の思いがにじみ出ています。天皇の言う「寛大」が何を意味するかについては、後の「天皇の英国観」のところで改めて触れたいと思います。

戦後の米国の占領政策についても、天皇は評価する姿勢を見せています。

〔三笠宮は〕米国が始めに共産党を歓迎し後に圧迫したといつておいでだが、その外《ほか》始めにまづくて変へた事が多いといつて居られるが、行懸《ゆきがか》りにこだわつて頑張るより、君子豹変で過《あやまち》を見て改めるは米国は私は偉いと思つてる位だ。そして、米国のやり方が大局に於て日本の為であつた事は争へぬ事だ（一九五二年四月三〇日）

日本では親ソ反米の空気が相当ある事は慨《なげかわ》しい事だと思ふ。此反米感情を和げ、正当に日本はアメリカと仲よくやつてく事が必要だと思ふ（一九五三年一一月一一日）

一番目の発言では、占領初期には日本共産党を民主勢力の一翼と見なしていたのに、後にレッドパージに転じた米国の姿勢を批判する三笠宮に対して、「君子豹変で過を見て改めるは米国は私は偉いと思つてる位だ」と反論し、むしろその姿勢を評価しています。天皇の三笠宮に対する見方については第7章「人物観2」で再説します。二番目の発言では、前章で触れた内灘などでの反米闘争を批判し、独立回復後も日米が協調することが必要だとしています。

米国の批判すべき点

では手放しで米国を称賛しているかというと、そこまで単純ではありませんでした。それをうかがわせるのが、以下の発言です。

軍備といつても、国として独立する以上必要である。軍閥がわるいのだ。それをアメリカは何でも軍人は全部軍閥だといふ様な考へでア、いふ憲法を作らせるやうにするし、形式的に軍人といへば追放するし、(中略)総てが形式的で、玉石混淆で、やる事が行過ぎがある。実質をよく見ぬからだ。(一九五二年二月二六日)

天皇の言う「ア、いふ憲法」とはもちろん日本国憲法のことです。ここでは特に、戦争放棄を定めた第九条を指しています。独立を回復する直前の発言であることを踏まえると、天皇の本音は独立回復を機に憲法を改正し、第九条の条文を改めて再軍備を明記することにあったのではないかと思われます。

また天皇は、米国がどういう人物を公職追放にしたかについても、「形式的で、玉石混淆で、やる事が行過ぎがある」と不満を漏らしています。具体的には、海軍の条約派で天皇の信任が厚かった山梨勝之進を追放する一方（一九五二年三月に追放解除）、陸軍中将で参謀本部第二部長だった有末精三を戦犯にせず、右翼に資金を提供して二・二六事件に関与した久原房之助《くはらふさのすけ》を追放解除にしたことを槍玉にあげています。

米国が進めた占領改革についても、天皇は評価すると言っておきながら、他方で誤りもあったとしています。

> 警察制度などは面子か何かちつとも譲歩しないのはひどい。少くも県単位位に妥協するのが本当だと思ふ。米国は結局随分日本の為にしてくれたが、こんな制度の固執等の為に反米思想を日本人間に生ぜしめ米国に不得策だとの仰せ。かゝる占領政策の行過ぎ等は右翼

反動が出現する可能性を増すとの御話。（一九四九年九月一九日）

講和前に進駐軍の誤りは成るべく訂正して引揚げるやうにしないといかんと思ふ。何となれば、撤退後反米思想を長く残し、延《ひい》て親ソとなるからだ。米側も考へて、進駐中に日本の国情に適するやうに改良して、講和後撤退しても永く米国を徳とするやうにしなければ駄目だ（一九五〇年一二月一二日）

一番目の発言では、警察改革に対する不満が述べられています。一九四七年に施行された旧警察法により、約一六〇〇の市町村に「自治体警察」と呼ばれる警察組織がつくられました。戦前の中央集権的な警察を改めるべく、米国の組織にならい、地方分権的な警察を目指したものでした。天皇はこれを「占領政策の行過ぎ」ととらえ、せめて市町村でなく「県単位位に妥協する」べきだとしているのです。

このままだと、米国に反感をもった「右翼反動」が、米国と再度戦うべきだと言い出しかねないとまで危惧しています。独立回復後の一九五四年に現行の警察法が施行されることで自治体警察は廃止され、都道府県警察に再編されました。天皇が念願していた憲法の改正は成りませんでしたが、警察法の改正は成ったわけです。

二番目の発言では、占領改革の行き過ぎが独立回復後の日本に「親ソ」をもたらすと述べています。誤った改革によって育まれる「反米思想」は、右翼反動だけでなく左翼の動きをも活発にすると天皇が考えていたことがわかります。日本人が米国を模範に仰ぐようにするためには、前述した警察改革のような（天皇に言わせれば）急進的な改革ではなく、日本の国情に合った改革をするよう注文をつけているのです。

米国の大統領制と日本の天皇制を比較する発言もあります。

アメリカ人が国旗を重んずるは、四年毎に代る大統領では国の象徴として不足の為ではないかと思ふとの仰せ。我田引水かも知れぬがと仰せあり。（一九四九年三月二四日）

第１章「天皇観」で天皇の象徴観について述べましたが、ここでは米国の大統領もまた「国の象徴」と見なしたうえで、同じ象徴という点では四年ごとに選挙がある大統領よりも、皇室典範で終身在位を定めた天皇のほうが優れていると言いたかったのでしょう。

しかし日本国憲法第一条で天皇の地位が「主権の存する日本国民の総意に基く」とされてい

るのを踏まえれば、たとえ選挙がなくても「日本国民の総意」に基づかない天皇は天皇でなくなるはずです。まさに「我田引水」の発言と言うほかありません。

天皇の英国観

前の項で天皇が英国よりも米国のほうを評価している発言を取り上げました。その発言とも一部重なりますが、天皇は英国についてこう言っています。

条約を結ぶとしても英国だけだつたらあれより寛大でないものになつたらうと思ふ。英国々風が保守的といふ事と、王室があるといふ事とが日本の親しみだが、国情からいつて、英国は日本に対しては米国と違つた立場に立つやうになつてるから、英米を始めとする事は出来ぬし、単に連合国とだけでは米国に対する気持として不充分だと思ふ。(一九五二年四月三〇日)

一九五一年九月に結ばれたサンフランシスコ講和条約の第一四条では、日本が賠償を支払うべきとされていましたが、賠償を支払うことで日本の経済がもろくなることを恐れた米国の方針もあり、実際に賠償したのはアジアの一部の国々だけにとどまりました。天皇はこれをひとえに米国の配慮によるものと見なし、もし英国だけだったらここまで「寛大」にはならなかったと言っているのです。

天皇自身、皇太子だった一九二一（大正一〇）年に英国を訪れ、ジョージ五世やその子どもたち（後のエドワード八世やジョージ六世ら）と親しく付き合っていますから、英国に対して親近感をもっていたことは間違いありません。ただ天皇は、「英国とは国情や教育その他の制度の差あり、英国皇室を参考にしたきも本では分らぬ」（一九四九年九月七日）と発言しているように、日本の皇室と英国の王室は根本的に違うとも考えていました。

太平洋戦争では、連合国軍のなかで最も多く日本軍の捕虜になったのが英国人兵士で、その人数は約五万人とされています。そのうち三万人あまりがタイとビルマ（現・ミャンマー）を結ぶ泰緬《たいめん》鉄道の建設に動員され、六九〇〇人あまりが死んだと言われています。にもかかわらず、英国に賠償金が支払われることはなく、退役軍人をはじめとする人々が反発しました。「英国だけだつたらあれより寛大でないものになつたらうと思ふ」という天皇の見通しは、その意味で当たっていたのです。

このため天皇は、第１章「天皇観」で触れた一九五二年五月三日の「平和条約発効並びに日本国憲法施行五周年記念式典」に際しての「おことば」で、連合国に対する謝意を表するにしても、「単に連合国とだけでは米国に対する気持としては不充分だと思ふ」と言っています。米国と英国を同等に扱うのではなく、序列をつけるべきだとしているのです。「米国を始め連合国の好意と国民不屈の努力とによつて、ついにこの喜びの日を迎うることを得ました」という「おことば」に、天皇の思いが込められています。

天皇のソ連観

これまでの記述からも明らかなように、天皇は共産主義国家のソ連を敵対すべき外国として警戒する姿勢を崩しませんでした。そしてこの場合のソ連とは、一九二四年から五三年まで独裁的な権力を握ったヨシフ・スターリンのソ連にほかなりませんでした。天皇にとってのソ連は、スターリンとほぼ同義でした。

私はもつと、マルクシズムより遊離してるスターリンのソビエツトのやり方は帝国主義であり、建築もルイ十四世式がはやるといふし、その政治のやり方が専制であり、侵略でありといふ事を、もつと日本の実際家が一般民衆に分るやうに論じないのか不思議だ（一九

五一年一〇月三〇日）

天皇がマルクス主義をどの程度知っていたかは不明ですが、「スターリンのソビエットのやり方」はマルクス主義から遊離していて、帝国主義であり専制であり侵略だと言っています。そのやり方が露骨に現れたのが、終戦工作を依頼したにもかかわらず、一九四五年八月九日に日ソ中立条約を一方的に破棄して参戦したことでした。

あのソヴイエツトの仲介によつて平和をもたらさんとした時に之に応ぜず、日本と不可侵条約がありながら攻めて来たやうな明かな事実によつて、スターリンが侵略主義たる事は確かである。（一九五二年一二月八日）

天皇の言う「不可侵条約」は、正しくは「中立条約」です。この点に関する限り、同じ共産主義国の中国よりもソ連のほうが悪質だと天皇は見ていました。

歴史の証明するところでは、ソ連といふ国は何をするかわからない。〈あと〉一年中立不可侵条約があつたにもかゝはらず、日本が仲裁を頼んであつたにもかゝはらず宣戦して来るといふ国だ。蔣介石〈中華民国総統〉は怨に報ゆるに恩といふやうな事をいふのとは違ふ。

〈同年四月九日〉

天皇の言う「怨に報ゆるに恩」とは、国民政府主席だった蔣介石が一九四五年八月一五日に戦勝を告げる演説をした際、「以徳報怨《いとくほうえん》」〈怨みに報いるに徳を以てす〉と述べたことを指しています。この演説に基づき、中国は日本軍将兵を丁重にもてなし、日本へと送還させました。それに比べるとソ連は「何をするかわからない」と言っているのです。

スターリンは一九五三年三月五日に死去し、ゲオルギー・マレンコフが事実上の最高指導者になりましたが、それでも天皇のソ連観は微動だにしませんでした。それがよくわかるのが、次の発言です。

ソ連程目的の為に手段を選ばぬ国はない。平和とか何とかいつてあんな侵略主義の国はない。マレンコフ〈Georgy Malenkov、ソ連首相〉はベリヤ〈Lavrentiy Pavlovich Beriya ラヴレンチ・ベリヤ、元ソ連副首相、前内務大臣〉をあゝいふ風にするし、又今度軍閥はマレンコフをもど

うかするかも知れぬし、日本との不戦条約(中立条約)は破るし――……(同年八月一日)

天皇の言う「あゝいふ風」とは、ベリヤがマレンコフとの権力闘争に敗れて七月に失脚したことを意味しています。

中国よりもソ連のほうが「何をするかわからない」という見方は、朝鮮半島をめぐる情勢に対しても当てはまると天皇は考えていました。

ソ連は米国よりも上手だ。その上手のソ連が朝鮮が変になると出て来る。中共ならばまだい丶が、ソ連と直接境を接するやうな関係になると日本は余程しつかりしないといけない。

(同年六月二四日)

この当時はまだ朝鮮戦争が続いていました。天皇は、北朝鮮軍が不利になるとソ連が支援を強め、形勢を逆転させようとする。そのやり方は米国よりも上手と見ていたのです。朝鮮半島が中国の支配下に入るならばまだいいが、もしソ連の支配下に入ったら「余程しつかりしないといけない」と発言しています。

天皇の言う「余程しつかりしないといけない」は、具体的には再軍備を意味しているでしょう。それをうかがわせるのが次の発言です。

私は歴史を見てもハンニバルの様な名将が居てもカルタゴーが軍備を忘れたり、又デロイテル（Michel de Ruyter ミヒール・デ・ロイテル）や（忘れた）……のやうな名将が居ても和蘭《オランダ》が軍備を怠つた為に力を失つた。ルイ十四世といふものが居るのに呑気な事をした為めだ。現に日本は虎視眈々たるソ連が居るのよ。国力がとかいつて呑気なのはどうも心配だといつた。（一九五三年八月一一日）

天皇自身、「箕作元八《みつくりげんぱち》の西洋歴史は私に非常に役立つた」（一九五一年九月三日）と話しているように、この発言には東宮御学問所時代に愛読した西洋史学者、箕作元八からの影響がうかがえます。ハンニバルはローマ軍に連戦連勝しながら総力戦で敗れたカルタゴの名将、ミヒール・デ・ロイテルは英蘭戦争で英国の艦隊や英仏の連合艦隊を破ったオランダの海軍提督のことです。フランスのルイ一四世は第三次英蘭戦争に並行してオランダに侵攻し、オランダはかろうじてこれを撃退したものの、多くの兵や艦隊を失いました。天皇はこうした歴史の教訓を踏まえ、日本も「虎視眈々たるソ連」に対して油断することなく、いつ攻め込まれても対処できるよう再軍備をしておくべきだと考えていたように思われます。

天皇の中国観

天皇は中国を、中華人民共和国の略称である「中共」と呼んでいます。天皇は「中共のやうな侵略の現実に接する以上、軍備はなしには出来ぬものと思ふ」（一九五三年五月五日）と言っているように、国共内戦で勝利した中国共産党は国民党を大陸から追い出したばかりか、チベットを侵略したと考えていました。この点では千島を侵略したソ連と同様であり、ソ連に加えて中国に備えるためにも再軍備は必要としていました。

天皇が危惧していたのは、日本国民がこうした中国の実態をきちんと把握しているようには見えないことでした。

> 中共の事なども、実は侵略主義だとか、実は自由はない圧制だとか、人権など重んじないとかいふ実情を、もつと国民に宣伝といふと語弊があるが分らせるやうにしなければならんと私は思ふのだがネー。之は大事の事だ。（同年一〇月二日）

中国というのは恐ろしい国なんだということを、国民にもっと知らせる必要があると天皇は考えていたわけです。しかしここには、日本もまた満州事変や日中戦争で中国を侵略してきたことに対する反省は見られません。

序章で触れたように、日本は米国と異なり、地理的に中国に近く、共産主義の脅威にさらされやすいという感覚を天皇はもっていました。その発言をもう一度引用します。

日本の将来といふものは中共といふものを控え、共産主義は近いて来てるので此点は米国が共産国の専制的の勢力と離れて又力があるのと日本は違ふ。(同年一〇月一四日)

実はこの日は奇しくも、日本共産党書記長で、野坂参三らとともに中国に亡命していた徳田球一が北京で客死した日に当たっていました。徳田の死は公表されませんでしたので、もちろん天皇もこの事実を知ることはありませんでした。

しかし田島は徳田の死の一年半あまり前に当たる一九五二年二月二五日、「外字新聞に在り し徳田〔球一〕放送の事」を天皇に伝えています。徳田が中国からラジオ放送で日本共産党員に武装闘争を呼び掛けていることを知らせているわけです。中国の脅威を語る天皇は、中国でひそかに活動を続けていた徳田のこうした動きをも意識していたのかもしれません。

天皇の朝鮮半島観

これまでの記述からも明らかなように、天皇は一九五〇年六月に勃発した朝鮮戦争の戦況に並々ならぬ関心をもっていました。同年一二月七日には「こういふ朝鮮の情勢では先憂後楽といふ事も考へてどうも行かれない」として葉山御用邸に行くのを取り止めていますし、五一年一月九日にも「朝鮮の状況上甚だ心苦しく、私が葉山ですきな事をするのは……」と話しています。隣国で戦争が続いているのに、葉山御用邸で生物学の研究などしていていいのかと言っているわけです。

天皇にとって最も望ましくなかったのは、共産主義国家が朝鮮半島を統一することでした。第4章「国土観」で触れたように、天皇はサンフランシスコ講和条約の調印を機にソ連軍が「朝鮮の大攻撃」(一九五一年八月二八日)を始める可能性に言及しました。この予測は外れましたが、戦争が続く限り、天皇の心配は消えませんでした。

朝鮮の戦争は共産軍が中々やつてる。勿論、国連軍の方に自信のある事と思ふが、一寸は危いといふやうな事はないかと思ふ程である。（一九五二年一〇月一六日）

「国連軍」は米軍を中心とする多国籍軍、「共産軍」は北朝鮮軍と同軍を支援して参戦した中国軍を意味します。天皇の心配は、この翌年の休戦協定によってひとまず杞憂に終わりました。なぜ朝鮮半島で戦争が起こるのかにつき、天皇はこう言っています。

朝鮮は常にいづれかに隷属してた国民だから、どうも武か何か圧力で行くより仕方のない人種だよ。日本も鴨緑江《おうりょっこう》でやめておくべきであつた。軍人が満洲、大陸と進出したからこういふ事になつた（一九五三年六月二四日）

「日本も鴨緑江でやめておくべきであつた」という天皇の発言は重大です。鴨緑江は北朝鮮と中国の旧満州の境を流れている大河ですから、一九一〇（明治四三）年の韓国併合は正しかったのであり、満州に進出してからおかしくなったという天皇の歴史認識があらわになっているわけです。朝鮮王朝時代は中華帝国である明や清に隷属し、植民地となった一九一〇年から四五年までは日本に隷属していたから「武か何か圧力で行くより仕方のない人種」になったというのが、天皇の朝鮮半島観の根幹にあったのです。

確かに朝鮮王朝は中国との間に君臣の関係を結んでいましたが、中国が朝鮮の内政に干渉することはなかったので、中国に隷属していたとまでは言えません。「常にいづれかに隷属していた国民」という表現そのものが、蔑視感を伴うものでした。

こうした露骨なまでの蔑視感は、当時の知識人にも共有されていました。東宮御教育常時参与で経済学者の小泉信三は、一九五三年八月一六日にスウェーデンのストックホルムから田島に宛てた書簡で「御手紙を読んで第一の心配は朝鮮です。これはかねての心配ですが、遠方に来るといよ〱心配です。あの文化の低い、道義を知らない国民が五、六十万といふ大兵を擁し、その政治家は反日的の事をさへいへば人気になるといふ国で、この兵力又は兵力の与へる慢心は何に使はれるか」と述べています。

天皇や小泉にとって、一九四五年の敗戦は明治以来の日本の植民地帝国としての歩みを反省する機会にはならなかったことがわかります。

第6章

人物観1――皇太后節子

意見が違う

はじめに昭和天皇の母である皇太后節子につき、簡単に説明しておきます。

皇太后は一八八四(明治一七)年、九条節子として東京で生まれました。九条家は五摂家(近衛、九条、二条、一条、鷹司)の一つで、公家のなかで最も格式の高い家柄でした。一九〇〇年に皇太子嘉仁《よしひと》(後の大正天皇)と結婚して皇太子妃になり、〇一年に第一皇子の迪宮裕仁《みちのみやひろひと》(後の昭和天皇)、〇二年に第二皇子の淳宮雍仁《あつのみややすひと》(後の秩父宮)、〇五年に第三皇子の光宮宣仁《てるのみやのぶひと》(後の高松宮)を産みました。一二年七月の明治天皇死去に伴い皇后となり、一五(大正四)年に第四皇子の澄宮《すみのみや》崇仁《たかひと》(後の三笠宮)を産んでいます。

大正天皇の体調悪化に伴い、一九二一年一一月に皇太子裕仁が摂政になりましたが、このころから女官制度の改革や宮中祭祀をめぐって皇后と皇太子の間に確執が生じるようになります。二六年一二月の大正天皇死去に伴い皇太后になり、三〇年からは現在赤坂御用地内の仙洞御所が建っているところにあった大宮御所に住み、「大宮様」と呼ばれました。

皇太后と天皇の確執が敗戦までずっと続いたことは、前掲『昭和天皇』や『皇后考』で触れた通りです。皇太后は空襲が激しくなる四五年になってもなお「かちいくさ」を祈り続けるなど、戦勝に固執しました。皇太后を恐れていた天皇は、その意向に逆らうことができませんでした。戦後は大日本蚕糸会総裁となり、蚕糸業視察を目的として地方を訪問しましたが、一九五一年五月一七日に急逝し、「貞明皇后」と追号されました。

「拝謁記」では、皇太后が亡くなる五一年五月までの天皇の皇太后に対する言及の回数が非常に多くなっています。このこと自体、天皇が敗戦後もなお皇太后を恐れていたことのあらわれだと思います。死去してからも、なおこう言っています。

　私はおた〻様とは意見が時々違ひ、親孝行せぬといふやうな事にもあるかと思ふが、同居が長ければもつと意見が一致するのかも知れぬが……（一九五三年四月一〇日）

「おた〻様」は宮中用語で「お母様」のことです。天皇は皇太后を「おた〻様」ないし「大宮様」と呼んでいました。

昭和天皇は生まれてすぐに川村純義邸に里子に出され、その後も東宮御所に隣接する皇孫仮御殿で弟たちと暮らしたり、旧高輪御殿を東宮仮御所にしたりしましたから、母の節子と同居したことはほとんどありませんでした。天皇は皇太后との意見の食い違いの原因を、幼少期からの環境に求めているわけですが、田島は「此点一寸無関係のやうな、又事理一寸理解し難く」(同)と述べています。天皇の皇太后に対する過剰な物言いに田島が不信感をもっていたことについては、改めて触れるつもりです。

「虫の居所」によって違ったことを言う

天皇は田島と親しくなるにつれ、皇太后に対する本音をむき出しにするようになります。それをうかがわせるのが次の発言です。

おた丶様は女性の為か感情に勝らる丶為か、所謂《いわゆる》虫の居所で随分正反対の矛盾のことを仰せになる御癖がある故、此事は御腹に入れておいてくれ(一九四九年九月二八日)

おた丶様はそんなことといつては悪いが、所謂虫の居所で同じことについて違つた意見を仰せになることがある。其点は困るが(一九五〇年一月六日)

おた丶様は其時の御気分に余程よる故、此頃も良宮《ながみや》が沼津でおころびになりかけの時御手をおとりして大変御怒りになつたとかいふ事だ。（同年四月二五日）

皇太后は「虫の居所」によって全く違ったことを言うので困ると言っています。三番目の発言の「良宮」は香淳皇后のことです。沼津御用邸で皇太后がころびそうになったので皇后が手をとろうとしたら皇太后が激怒したと皇后から聞いたのでしょう。

気分によってころころ変わる皇太后については、高松宮も一九四一年八月六日の日記にこう書いていました。

大宮様、防空の御避難所、初め日光の予定なりし所、大宮様お気に入らず（寒いのはいやと云ふ思召もあり）、先日御参内の時にお上と御話あり。例の調子にて、大宮様オヒネクレからか、お上もおこまりにて、防衛司令部の考へにては日光第一なるも、宮ノ下でもよく、沼津でもまづよろしとのことにて、その後沼津ならばよろしと〔の〕ことになる。何にかあると、語気の具合で変になり、お上また余計に御心配になる。（『高松宮日記』第三巻、中央公論社、一九九五年）

「大宮様」つまり皇太后を疎開させるのに、陸軍の防衛司令部が勧めていた日光田母沢《たもざわ》御用邸は「寒いのはいや」として気に入らず、沼津御用邸ならばよいということになったが、「オヒネクレ」によってまた変わるのではないかと「お上」つまり天皇が心配しているというのです。「例の調子にて」という高松宮の言い回しからは、皇太后の性格が天皇ばかりか皇族の間にも知れ渡っていたことがうかがえます。

田島は一九五〇年一二月一六日の日記に、「一〇首相訪問―一一・二五。皇室経済会議二十日のこと、内廷費、皇族費根本論と良心的のこと、大宮御所のこと、二重人格と彼いふ」と記しています。午前一〇時から一一時二五分まで首相の吉田茂と会談した際、「大宮御所のこと」つまり皇太后についての話題が出て、吉田が「二重人格」と言ったというのです。

この見方は、昭和天皇の皇太后に対する見方と重なります。皇太后の性格を見抜いていたのは、天皇や皇族だけではなかったことになります。吉田は皇太后の六六歳の誕生日に当たる同年六月二五日には箱根の木賀温泉にいて、大宮御所で開かれた祝賀行事に出ませんでした。同日の田島の日記には「首相欠」とあります。

時流におもね、話し上手を好む

天皇は皇太后について、時流におもねる性格があるとも語っています。戦中期における天皇と皇太后の関係を探るうえで、次の発言は重要です。

御たゝ様は時流に阿《おも》ねる御性質がおありと思ふ。現に上《うえ》つ方《かた》といふものは若干うそをいはなければいかぬと仰せになつたことがあり、その意味は軍国の時など軍人などには内心御満足でなくても適当御嘉尚《ごかしょう》の御言葉ある様にとの意味のことであつたが今の時世になれば多少時流に阿ねるといふ御性質上その点が余程ある(一九五〇年一月七日)

戦時中の皇太后は、「撃ちてし止まむ」とか「八紘一宇《はっこういちう》」とかいうスローガンにおもねるようにして「かちいくさ」に固執し、軍人にも「適当御嘉尚の御言葉」をかけ続けたと天皇は考えていたようです。前掲「戦中期の天皇裕仁と皇太后節子」で触れたように、戦中期の皇太后は戦地から帰還した軍人をしばしば大宮御所に呼び寄せ、激励の言葉をかけていました。天皇にとってはそれが悩みの種でもありました。

しかし戦争が終わると、「時流に阿ねる御性質」が一転して、合法化された日本共産党に対する同情となって表れていると天皇は考えていました。

田島は天皇に対して、「大宮様は（中略）進歩的に考へらるることを仰せになることがおすきと存じます」（一九四九年一一月八日）と私見を述べ、対策としてマルクス主義を批判する経済学者の小泉信三に依頼し、「共産党の駄目のことを御進講願ふことも考へられます」（同）と進言しています。

天皇は、皇太后は話し上手の男性を好むとも語っています。

おたた様は（鷹司）信輔より（鷹司）平通《としみち》の方がよいといふ様な印象の事を一寸きいたが、大体御話をする人の方がおすきで、黙つてゐる人の方をあまり御認めにならぬやうだ（一九五〇年二月二七日）

大体、大宮様の御性質としては話上手の人がおすきで、話下手のものはおきらひの様だ（同年二月二八日）

鷹司信輔は元公爵、明治神宮宮司で鳥類学者。平通はその子で、同年一月二六日に昭和天皇の第三皇女、孝宮和子との婚約が内定したばかりの男性です。内親王の結婚にも皇太后の意向を無視できなかったことがうかがえます。

天皇は、「おたゝ様は大体鷹司のやうなのは御きらひで、秩父さんの様な鋭い処のある人がお気に入るらしい」(同年一月七日)とも発言しています。この「鷹司」は鷹司平通でなく鷹司信輔、「秩父さん」は秩父宮を指しています。

後に触れますが、皇太后は四人の皇子たち(昭和天皇、秩父宮、高松宮、三笠宮)のなかで秩父宮を最もかわいがっていました。それは秩父宮が天皇よりも話し上手で「鋭い処のある人」だからだと天皇は考えていたようです。

皇太后が見た天皇

田島は天皇だけでなく、皇太后に会うこともありました。一九四九年一〇月六日には、大宮御所で会っています。同日の田島の日記には「三・三〇大宮御所に参殿―六・〇〇」とありますので、午後三時半から六時まで会っていたのでしょう。

このとき皇太后は、天皇と会ったときの天皇の興奮した態度を、田島に向かって批判的に話したようです。当日の「拝謁記」から、皇太后の発言を引用します。

この頃お上は非常な興奮状態で、皇族の義務は行はず皇族の権利計《ばか》り主張するといふことで、皇后様もお出での所でどんどん仰せになるからこれは少し興奮がすぎると思つた。(中略)あゝ興奮されるのはどういふ訳かと。天子様に余り御同情なき言ひ方をなされ、之は高松さんのこと等陛下に誰かあしざまに告げるによるものと思ふが、どうしたものかとの御話。(中略)言葉の上で陛下の長所のつもりながらどことなく陛下の御興奮を遺憾に思召す口調最も顕著にて、高松宮のあることないことといふものがあるのではないかとの御含み、又義務を忘れてるとの陛下の御話はどういふ義務を高松宮様が忘れて居られるか私には分らぬ

天皇は皇太后に向かって、「皇族の義務は行はず皇族の権利計り主張する」高松宮の態度をあしざまにけなすような発言をしたようです。それを田島に語る皇太后は、天皇の態度をよく思っていないような口ぶりだったと言っているわけです。皇太后は皇太后で、天皇はなぜ場所もわきまえず、感情に任せたようなものの言い方をするのかと訝《いぶか》しんでいるのがわかります。天皇が皇太后に会うと冷静な態度をとれなくなる傾向は、戦前からあったようです。侍従長

の百武《ひやくたけ》三郎は一九三七年三月六日の日記に、侍医頭の佐藤恒丸《つねまる》から聴いた話として、「或時佐藤ハ何時モ寛大ニ居ラセラル、御上ノ御景色全ク尋常ト御変リアリ且ツ御叱責ヲ蒙リタルコトアリ　其時ハ直前大宮様御参入アリシ時ナリシ」(東京大学大学院法学政治学研究科附属近代日本法政史料センター所蔵「百武三郎日記」)と記しています。

天皇は皇太后のことを「感情に勝らるゝ」と評していましたが、皇太后もまた天皇のことを同様に見ていました。天皇が皇太后に会うとふだんとは全く違う態度になることは、宮中の側近にとっても不可解だったのです。

怖くて宮中服の廃止を言えない

天皇が皇太后に会うと冷静でなくなるのは、皇太后を恐れているからでした。一九四九年三月一一日に「大宮御所には可成《なるべ》く手をつけぬ様」と田島に釘を刺しているのも、江戸時代に大奥に手をつけて失脚した老中の松平定信のように、うっかり手をつけると何をされるかわからないと考えているからでした。

田島の重要な役割の一つは、大宮御所を訪れて皇太后に会い、皇太后と話したときの様子を天皇に伝えることでした。一九五〇年の「拝謁記」には、田島が皇太后に会ったかどうかを気にする天皇の発言や、皇太后の様子を天皇に報告する田島の文章がしばしば記されています。

田島は大宮様に拝謁したかとの御尋ね故、致しませぬと申上げ（一九五〇年二月七日）

孝宮様のこと、昨日大宮様にも詳細御報告申上げましたと申上ぐ。（同年二月二四日）

其後大宮様に拝謁したかとの仰せ故、二十三日拝謁致しました後はございませぬ。（同年二月二七日）

六日の夜、おたゝ様に御飯を頂いたとのことだが、別に何の御話もなかつたかとの御下問につき、（中略）別にこれといふことはなく十時になり退出致しました旨申上ぐ。（同年三月八日）

今日おたゝ様の所へ上るが、此間の服装の事は既に大宮様に御話したか其点を一寸きいて行きたいとの仰せ故、まだ何等御話してありませぬ。（同年六月二七日）

今日おた、様御出でだが、田島其後お目に懸かつたかとの御尋ね故、（中略）まだ拝謁致して居りません。（同年七月一二日）

一昨日大宮御所にて大宮様に拝謁のこと御報告申上ぐ。（同年七月三〇日）

十日、大宮様御出になるが其前にきいておく事はないか。明日土曜にきいてもい丶のだがとの仰せ故、別に何事もありませせぬが、東北行啓は御残念に思召しの様子と拝察致します。（同年九月八日）

今日は大宮様へ上るのだが、其後田島は大宮様に御目に懸つたか、又何かきいてゆく事はないかと仰せに付、其後御目に懸りておりませせぬし、別に問題もございませせぬが、次長及侍従次長の更迭の事は申上げてありますから、何かおふれになるかとも存じます。（同年九月二七日）

なぜこれほどまでに天皇は皇太后のことを気にするのかといえば、皇太后の様子を確認するとともに、機嫌のいいタイミングを見計らっていたからです。

皇后は戦後もなお戦中期に発案された「宮中服」(「宮廷服」)と呼ばれる地味な服を着ていました。天皇は「これはどういつても戦時的だ。此点は私の初めからの見通しは間違はなかつた。今これは廃止する声の起るは当然」(一九五〇年七月三一日)と言っているように、宮中服を廃止して和服(日本服)に替えるべきだと考えていました。

誰が宮中服を発案したかにつき、天皇は「高松宮妃殿下の主唱で出来たので秩父宮妃などと研究の結果出来た」(同年六月二一日)と話していますが、実際に発案したのは皇太后だったようです(久保房子「被占領下の女子宮廷公服と貞明皇后」、『風俗　日本風俗史学会会誌』第一五巻第一号、一九七六年所収)。皇太后自身は宮中服の代わりにモンペを着ていました。皇后が和服を着るためには、皇太后に認めてもらわなければならない。けれども「日本服についておたゝ様が御反対故、何ともいひ出しかねる」(同年六月二一日)と天皇は本音を漏らしています。皇后もまた皇太后を恐れていたことは、天皇の次の発言からも明らかでした。

良宮の和装の問題だがネー、呉服費もとつてくれたが、良宮は大宮様のはつきりした御同意がないと恐ろしくて作れないらしい。何か此事では、何でもなくても外の事まででまア復讐されるといふやうな気持で心配して躊躇してる（同年一二月一八日）

田島はこうした言葉に天皇の主観が混じっていると感じたのか、「少々穏当ならず」「陛下の大宮様に対する御批評、田島に御馴染深くなりし為か、露骨の事多くなる」「御母子としては如何と思はる」などと感想を記しています（同）。

皇太后は一九五〇年一〇月四日から、大日本蚕糸会総裁として蚕糸業視察のため岩手県と宮城県を訪れます。この蚕糸業視察については次項で触れますが、田島が同月二日に皇太后に会ったときには「万般御機嫌克《よ》」かったと天皇に報告しています（同年一〇月四日）。

天皇は、「和装の事だがネー。おたゝ様東北行啓で御機嫌のおよろしい時に今一度伺つたらどうだらう」（同年一〇月九日）と田島に提案しています。「行啓」は皇太后が外出することを意味します。地方を訪問する直前になると機嫌がよくなるなら、そのタイミングに合わせて宮中服の廃止を認めてもらったらどうだろうと言っているわけです。

この一件を見るだけでも、天皇と皇后がいかに皇太后を恐れていたかがよくわかります。結局、皇太后が一九五一年五月に亡くなるまで、宮中服は廃止されませんでした。皇后の服装ががらりと変わるのは、翌五二年になってからでした。

同年一〇月二四日、田島は「皇后様御和装に関し、宮廷服についてあつた批難のやうなものは少しもきゝません。又田中千代〔香淳皇后の衣装のデザイナー〕の御洋装も分りませぬながら、およろしいではないかと思ひます。一般にもよろしいとの評のやうでございます」と天皇に報告しています。

蚕糸業視察はやめてほしい

蚕糸業視察を目的とする皇太后の地方訪問は、一九四八年六月の埼玉・群馬行啓から始まり、同年九月の山梨行啓、四九年五月の静岡行啓、同年六月の長野行啓、五〇年六月の福島・山形行啓、同年一〇月の岩手・宮城行啓という具合に続きました。

天皇はこうした行啓をあまりよく思っていないようでした。その気持ちは、以下の発言からも伝わってきます。

那須へは余り御進みにならぬはどういふ訳かしら。東北行啓など御進みになるのにとて、大宮さんが何人《なにびと》の〔暗に皇后様〕知らぬ所へ出掛けて、之をほかりげ〔誇らしげ〕に御話になりたい御気持ちが強いのではないか。(中略)全然違つた知らぬ所へいらしつて人に自慢して御話になりたいのだと思ふ(一九五〇年七月三一日)

皇太后は、天皇や皇后が避暑のため滞在する那須御用邸には行きたがらず、皇后が訪れたことのない東北地方などに行くのを好むようだ。それは自分がそういうところに行ってきたと自慢したい気持ちが強いからではないのかと言っているのです。同年一〇月の岩手・宮城行啓の前には、「本当はおやめの方がいゝのだが」(同年九月二八日)と明言しています。

昭和天皇は一九四六年二月から戦後巡幸を始めましたが、それに対抗するかのように皇太后節子も四八年から本格的に行啓を始め、各地で歓迎されたわけです。四八年は戦後巡幸が中断された年でしたから、余計に皇太后の行啓が目立つ結果となりました。このこと自体、天皇にとっては面白くなかったように思われます。

天皇は開戦直後の一九四一年一二月から一年間、皇太后を沼津御用邸に疎開させたことがあったからか、「大宮様こそ早く沼津へ御出になればと思ふ」(一九五一年一月九日)とも発言しています。朝鮮戦争が始まっても、田島の助言に従って五一年一月一二日から葉山御用邸に滞在する自分自身と、御用邸に行こうとしない皇太后を比較しているのです。天皇としては、明治天皇亡きあとの晩年に沼津御用邸に隠退した昭憲《しょうけん》皇太后のように、皇太后節子に隠退してもらいたかったのかもしれません。

大正天皇との仲が悪かった

皇太后は一九五一年五月一七日に大宮御所で急逝します。「貞明がよいではないか」(同年五月二九日)、「矢張り貞明か……?」(同年六月一日)という天皇の意向もあり、六月七日に「貞明皇后」と追号されました。

それでも天皇の皇太后に対する言及は止みませんでした。むしろ亡くなってからのほうが、気兼ねなく語れるようになったとも言えます。天皇は、それまでタブーとされてきた父・大正天皇と母・貞明皇后の関係についても、踏み込んだ発言をしています。

おたゝ様とおもう様(大正天皇)とは御仲がそう御宜しくなかつたやうで、私は若くて、若くてもこういう処でない処に育てば分るのだろうが、何も其点のことは知らずに居たが、(中略)どうも御仲がよくは御ありでなかつたやうだ。私をおもう様が御呼びになつて御一所に散歩した時も、おたゝ様は御出でなく、犬をおつれになつて私が御伴をした。こういう風の事をもつと承知して居れば、私ももつと孝行すべきであつたやうに思ふ。それで之からは想像だが、御影にずつと御拝礼を遊ばしたのは、むしろ御反省の結果、御崩御後に御心持で御取戻しの為ではないかと想像するので、思慕尊敬の念で生けるが如くに仕ふるといふ孝経などの様なものではないやうに思ふ。(同年六月五日)

前掲『皇后考』で記したように、宮中では大正天皇の時代から側室が不要になり、一夫一婦制が確立されたことになっていましたが、実態はそうではなく、天皇が気に入った女官を可愛がったり、妊娠させてしまったりすることもあったようです。元女官で大正天皇に寵愛された坂東登女子《とめこ》は、「あたくしがおそばにいると(皇后さまに対しては)「節子いいよ」って仰せになるもんで、よけいいかんのですねん」と回想しています(山口幸洋『椿の局の記』、近代文芸社、二〇〇〇年)。大正天皇が亡くなってから、大正天皇の妹(昭和天皇の叔母)に当たる竹田宮妃昌子内親王から真相を聞かされたと天皇は話しています。

一九三〇年五月に大宮御所が完成すると、「御影殿」と呼ばれる部屋が造営され、皇太后宮大夫の入江為守が描いた大正天皇の大和絵が納められました。皇太后は毎日決まって、午前中と夕方の時間を御影殿で過ごしました。秩父宮はこう回想しています。

午前中の大部分は、御影を祭った室にすごされるので、特別の場合の外はこの時間には絶対に人にはお会いにならないのである。また夕方にも、その一時を御影の前にすごされるのであった。「生ける人に仕えるように……」という表現がよく使われるが、母上の場合、この言葉には少しの誇張も感ぜられないのであった。（「亡き母上を偲ぶ」、『皇族に生まれて——秩父宮随筆集』、渡辺出版、二〇〇五年所収）

天皇は秩父宮の回想をはっきりと否定しています。皇太后が御影殿での拝礼を欠かさなかったのは、生前の大正天皇とのよくない関係を反省し、元の気持ちを取り戻そうとしたからではなかったかと言っているのです。

さすがに田島も、天皇のこの発言には不穏なものを感じたのでしょう。「陛下も此事に関して真実を御見出しになる事をおやめ願つて、誠実に御影を生けるが如く、事《つか》へられたと御考へになつて、御二人共崩御の今日、永久に差支ない事と存じます」（一九五一年六月五日）と忠告しています。

皇太后の遺書の謎1――「家宝」とは何か

皇太后が死去して約一カ月が経った一九五一年六月一四日、大宮御所から遺書が発見されました。大正天皇が亡くなる約二カ月前の一九二六(大正一五)年一〇月二二日、皇后として葉山御用邸で記したものでした。

遺書が発見された翌日、さっそく天皇は田島とその文面について語り合っています。遺書そのものは公表されておらず、高松宮が『高松宮宣仁親王』(朝日新聞社、一九九一年)所収の日記でごく簡単に概要を記しているだけですので、具体的な文面については二人のやりとりから推測するしかありません。

御遺書の事だがネー。神社仏閣に御記念品をといふ事は、もし御品がいけなければ御金とあるがとの仰せ。それはお金よりお品の方がよろしいと存じます。そうかとの仰せ。(一九五一年六月一五日)

遺書には、自らの遺品を関係する寺院に下賜せよとあったのでしょう。同年一〇月一日には、宮内庁から文京区白山の日蓮宗の寺院、大乗寺に皇太后ゆかりの十二単(女房装束)、長持、手文庫などが下賜されています（青木淳子「大乗寺に伝わる貞明皇后御装束——杉並に戻ってきた貞明皇后の御心」、『「大正天皇の后　貞明皇后展」展示図録』、杉並区立郷土博物館、二〇二三年所収）。大乗寺以外の社寺に下賜されたかどうかはわかっていません。

続けて天皇は、遺書の文面をめぐって重大な発言をしています。

> 秩父宮や澄宮（三笠宮崇仁親王）は（まだ三笠さんの御名のない頃故）何か由緒ある家宝となるやうなものを上げたいといふ風に書いてあるが、これは軽くその通りにとつていゝか、或はそれを重くとつてしなければならぬのかをよく考へて研究して貰ひたい。軽ければ何でもないが、若し第二の私《〔ママ〕》の思いといふ意味なれば、其後法制等の変革等もあり、却て御負担重きときは、御趣旨に反する結果となる故、書面を以てか、或は口頭で霊に申上げて、御文面とは違つた事を実行するより仕方ないと思ふが、拝見してよく研究して貰ひたい（同。傍点引用者）

遺書にある「何か由緒ある家宝となるやうなもの」とは何でしょうか。天皇は二つの可能性があると語っています。

一つは皇室に保存されているあまり重要でない「家宝」で、これならば何の問題もない。もう一つは重要な「家宝」で、天皇は明言していませんが文脈から「三種の神器」を指していると思われます。三種の神器とは、皇室に代々伝わる「御由緒物」である「八咫鏡《やたのかがみ》」「草薙剣《くさなぎのつるぎ》」「八尺瓊勾玉《やさかにのまがたま》」のことで、八咫鏡の本体は伊勢神宮内宮(皇大神宮)に、分身は皇居の宮中三殿の賢所《かしこどころ》に、草薙剣の本体は熱田神宮に、分身は皇居の御所内の「剣璽《けんじ》の間」に、そして八尺瓊勾玉もまた「剣璽の間」にあるとされています。

もし「家宝」が「三種の神器」を指しているとすれば、皇太后は皇后時代、大正天皇と一緒に住んでいた明治宮殿奥宮殿の「剣璽の間」に奉安されていた草薙剣の分身と八尺瓊勾玉(いわゆる剣璽)を、秩父宮と澄宮(後の三笠宮)に渡したいと考えていたことになります。

明治の皇室典範の第一〇条には「天皇崩スルトキハ皇嗣《こうし》即チ践祚《せんそ》シ祖宗ノ神器ヲ承ク」とあるように、天皇が死去したときに新天皇が「祖宗ノ神器」を継承することが明記されていました。つまり秩父宮と澄宮に剣璽を渡すことは、皇太子裕仁が天皇になれないことを意味したのです。しかし戦後の皇室典範の第四条には「天皇が崩じたときは、皇嗣が、直ちに即位する」とあるだけで、「神器」についての規定がなくなりました。

天皇の言う「法制等の変革等」とは、このことを指していると思われます。ただ日本国憲法とともに施行された皇室経済法の第七条には「皇位とともに伝わるべき由緒ある物は、皇位とともに、皇嗣が、これを受ける」とあり、剣璽はこの「由緒ある物」と見なせますから、条文の規定そのものがなくなったわけではありません。秩父宮や三笠宮が剣璽をそれぞれ保持することになれば、かえって「御負担」が重くなり、皇太后の「御趣旨」に背くのではないかと天皇は言っています。

そもそも三種の神器は皇位の象徴であり、天皇家が北朝の系統であるにもかかわらず南朝が正統とされたのも、南朝が神器を所持していたからでした。この点については、一九三五年三月に宮内大臣の湯浅倉平も「皇統は三種の神器を受け嗣がれたる処を正しとす、即ち北朝の天子が南朝の天子より神器を引嗣がれたる後は、其方を正統とせざるべからず」と述べています(前掲『本庄日記』)。明治から戦前まで、一泊以上の行幸では天皇とともに剣璽を動かす「剣璽動座」が行われたほか、皇位継承の際には剣璽を新天皇に渡す「剣璽渡御ノ儀」が行われました。この儀式は、皇室典範が改正された戦後もなお、国事行為の儀式である「剣璽等承継の儀」として継承されています。剣璽がなければ天皇になれないこと自体、戦前と全く変わっていないわけです。

皇太后の遺言に従い剣璽を弟たちに渡してしまうことの危険性を、天皇はわかっていたはずです。「御文面とは違った事を実行するより仕方ない」と言ったのは、きわめて当然でした。

皇太后の遺書の謎2——秩父宮への言及と一〇月二二日という日付

遺書のなかには、皇太后が特に秩父宮だけに言及する箇所もあったようです。

〈大宮様は〉筧克彦《かけいかつひこ》〈元東京帝国大学教授、国体論者〉博士の御進講をおききになつたのだが、其筆記をどういふ意味か分らぬが、秩父さんにあげてくれとある。これは其通りする事だけ故、そのものがあれば外の事と違ってすぐ実行出来るから差上げてもい丶が、どうして秩父さんかといふ事は分らない……。兎に角秩父さんは一番御気に入りであつた。〈一九五一年六月一五日〉

前掲『昭和天皇』や『皇后考』で記したように、皇太后は皇后時代の一九二四〈大正一三〉年に筧克彦が提唱していた「神ながらの道」に関する講義を八回にわたって聴き、大きな影響を受けています。そのときに書いたものを、秩父宮に渡すように言っているわけです。天皇はその理由がわからないとしながら、皇太后が四人の皇子たちのなかで秩父宮を一番かわいがっていたことに触れています。

さらには、遺書が書かれたとされる一九二六(大正一五)年一〇月二二日という日付にも着目しています。

御書きになつたのは、大正十五年、長慶天皇の事決定の十月二十二日(?)であるが、御気分もわるい事を感ずるので移霊の事あるやもといふやうな事が書いてあるが、大正さんの事のきがかりを御自分の御気持の様にして御書きになつてあるので、御健康状態は実は悪くなかつたのか、それとも本当に御健康が御わるかつたのか、山川医師にきゝたいと思ふ

(同)

ここは説明が必要でしょう。長慶天皇というのは南朝の天皇で、長らく在位説と非在位説がありましたが、大正期に新史料が見つかり、一九二六年一〇月二一日の詔書で正式に第九八代天皇として認められ、翌日の新聞に公表されました。初代神武から第一二三代大正までの歴代天皇が、このとき正式に確定したのです。

山川医師というのは大正天皇の侍医だった山川一郎のことです。なぜ遺書を書いたのが同年

一〇月二二日だったのか、まるで大正天皇ばかりか自分も死ぬかのように書いているが、真相はどうだったのかについて、天皇が気にしていた様子が伝わってきます。

前掲『皇后考』は、この詔書の引用から始まっています。大正期には、長慶天皇を天皇として扱うべきか否かと並び、仲哀天皇の后で三韓征伐を行ったとされ、『日本書紀』では天皇と同様、独立の一巻になっている神功皇后を天皇として扱うべきか否かが大きな争点になっていました。詔書は長慶天皇について記す代わりに、神功皇后を言外に追いやることで、天皇としてカウントしないことを暗示したのです。

一九二一（大正一〇）年に皇太子裕仁が訪欧し、大正天皇の摂政になったころから、節子と裕仁の関係はぎくしゃくしていました。英国の王室に影響され、祭祀をおろそかにする裕仁が天皇になることに節子は不安を抱き、神功皇后をまつる福岡の香椎宮《かしいぐう》に参拝するなど神功皇后への思いを強めてゆきました。

もし仲哀天皇亡きあと、神功皇后が天皇になったのであれば、大正天皇亡きあと、節子も天皇になることができる。しかし二六年一〇月二二日の新聞でその道が絶たれたことを初めて知り、急に気分が悪くなったのではないか。そう考えると、「神ながらの道」について書いたものを秩父宮に渡すようにという遺書の一節は、剣璽を秩父宮（と澄宮）に渡したいと解釈することもできる前述の遺書の一節とともに、秩父宮に天皇になってもらいたいという皇太后の希望のあらわれのように見えてきます。

いずれにせよ、皇太后の遺書には天皇にとってきわめて不快なことが記されていたわけです。天皇は、この遺書に記されたいくつかの謎を解き明かすことが本当にできなかったのか。それとも、うすうすは知りながら、わざと知らない素振りをしていたのか。興味が尽きないところです。

ケガレに厳格

皇太后が死去したのは一九五一年五月一七日、独立を回復したのは五二年四月二八日でした。独立回復に伴い、伊勢神宮内宮(皇大神宮)に勅使を遣わし、天皇の祖先であるアマテラスに報告することが検討されますが、宮中では皇太后が死去してから一年は服喪期間に当たるため、死のケガレがまだなくなっていないときに神宮に参拝してもよいかどうかが問題になりました。田島は「国民の感情」を踏まえて遣わすべきと話し、天皇も「それでよろしい」と言っています(一九五二年四月一一日)。

天皇は、皇太后が死のケガレに関して厳格だったと話しています。

明治天皇崩御と共に大正の御代になつて、その〔服忌令の〕草案が急に法律になり六ケ敷《むつかしく》なつた上、おた丶様が其点非常に御厳格であつたから益八釜《やかま》しくなり……尤も御た丶様は急に終戦後は御楽になつたが……とて、その側女官が皇居の者でも、大宮様に何かいはれはせぬかと喪の事はとても気にしてた。況《いわ》んや大宮御所の女官は厳重だつたと思ふ、忌みの点掌典《しょうてん》以上だつたよ……（同）

「掌典」は宮中祭祀を担当する宮内省の職種で、戦後は天皇の私的使用人になりました。女性の職員は内掌典と呼ばれますが、生理のときには祭祀に出られないという「血のケガレ」がいまでも存在しています。皇太后の死のケガレに対する厳格さは、この血のケガレ以上だったと回想しているのです。

しかし皇太后が死去した以上、そこまで厳格にする必要はない。「今は時世が変つたし、大宮様の崩御後はと申してはわるいが、道理のある事は改革してもよろしい」（同年一〇月二四日）と天皇は考えていました。逆に言えば、皇太后が生きている間は「道理のある事」であっても改革ができなかったのです。

第7章

人物観2——他の皇族や天皇

皇后をどう見ていたか

天皇の后である香淳皇后は一九〇三（明治三六）年三月、久邇宮良子《くにのみやながこ》として生まれ、二四（大正一三）年一月に皇太子裕仁と結婚しました。二五年に第一皇女照宮成子《てるのみやしげこ》、二七年に第二皇女久宮祐子《ひさのみやさちこ》（翌年に死去）、二九年に第三皇女孝宮和子《たかのみやかずこ》、三一年に第四皇女順宮厚子《よりのみやあつこ》を産んでいます。男子はなかなか産まれませんでしたが、三三年一二月に第一皇子継宮明仁《つぐのみやあきひと》（現上皇）を、三五年に第二皇子義宮正仁《よしのみやまさひと》（後の常陸宮《ひたちのみや》）を産みました。三九年には第五皇女清宮貴子《すがのみやたかこ》を産んでいます。

天皇は皇后を一貫して「良宮」と呼んでいます。皇后への具体的な言及回数は皇太后に比べると少ないですが、注目すべきは、皇后が色覚異常（「色盲」）であることを「うそではない」としていることです（一九四九年二月七日）。大正期に良子との婚約に際して起こった「宮中某重大事件」で問題とされたことを認めているわけです。皇太子明仁も義宮正仁も「随分注意してるが何事もない」とも言っています（同）。

もう一つ注目すべきは、天皇が皇后の生理の回数や周期を把握していたことです。

皇后様の御機嫌伺ふ。少し熱がまだあるが月のものが減とのことだとの仰せ。(一九五〇年二月七日)

皇后の機嫌を尋ねた田島に対して、天皇は「月のものが減」、つまり皇后の生理がまだ来ていないと言っています。皇后に関するきわめてプライベートな情報が、天皇と宮内庁長官の間に共有されていたのです。

一九五四年四月には、兵庫県で開催される第五回植樹祭のタイミングに合わせ、天皇と皇后がそろって伊勢神宮に参拝することが予定されていました。これに関連した天皇の発言もあります。

四月六、七日からの事で参拝となると良宮の方が都合がいゝかどうか、近頃は殆《ほとん》どないからいゝと思ふが其点日取を……、まアいゝだらう。(一九五三年一二月一五日)

「近頃は殆どない」というのは、生理がほとんどないという意味です。皇后はこの年に五〇歳になりましたので、年齢的にもだいじょうぶだろうと天皇は言いたかったのでしょう。天皇と皇后は一般人と違い、伊勢神宮の外宮と内宮の正殿まで進んで参拝したので、皇后が生理に当たるかどうかを天皇は気にしたのです。「血のケガレ」を避けるしきたりが、宮中三殿だけでなく伊勢神宮にもあったことが伝わってきます。

こうしたやりとりを見ていると、皇后は一人の人間というよりは、むしろ単なる「生物」のように思えてきます。天皇自身が生物学者だったという事情もあるかもしれません。皇太后に対する過剰な物言いとはあまりに対照的な、人間としての感情をすべてそぎ落としたような発言には、ただただ驚くほかはありません。

皇太子明仁に対する不安

天皇は皇太子明仁(現上皇)のことを「東宮ちゃん」と呼んでいます。皇太子は満一八歳の誕生日に当たる一九五一年一二月二三日に成年となり、天皇が退位しても摂政を置くことなく次代の天皇に即位することができるようになりました。

しかし天皇は、成年になってもなお皇太子が天皇になることに強い不安を抱いていました。第1章「天皇観」で引用した箇所と一部重なりますが、その気持ちを田島に打ち明けたのが次の発言です。

東宮ちやんはまだどうも帝位をついでもどうもまだまだだし、貞明皇后に別にどういふといふ訳ではないが、明かに皇后の方(皇后様の事となる)と連絡がわるくといふより不調和であつた事は事実だとの仰せ(中略)。貞明皇后でさえそうだから、私が譲位しては東宮ちやんが帝位についても何かと面倒な事が起きがちの事は想像出来る(同年一二月二〇日)

皇太子が成年になる三日前の発言です。天皇は、自らが皇太后節子と「不調和」だったという体験をもとに、もし自分が退位して皇太子が天皇になれば、皇太后になる良子(香淳皇后)との間に「何かと面倒な事が起きがち」になると言っているのです。「東宮ちやんはまだどうも帝位をついでもどうもまだまだ」という発言からは、当面は自分が天皇として在位し続けるという意思のようなものが伝わってきます。

皇太子は身体が弱いとも感じていたようです。一九五三年に英国で行われるエリザベス女王の戴冠式に天皇の名代として皇太子を出席させるべきか否かが話し合われたときには、こう言っています。

東宮ちゃんとしては又とない機会であること。但し東宮ちゃんは体が充分健康とはいへないし、今度行くとすれば香港、新嘉坡《シンガポール》の線は私はどうしても不可と思ふ故、どうしてもカナダかアメリカ経由といふ事になる。そうすると英吉利《イギリス》へ行く前に相当疲れて了ふと思ふ。その上英吉利の儀式といふ事は主役でなくても矢張りつかれるから、その点どうかと思ふ。

（一九五二年二月二九日）

一九二一（大正一〇）年に自ら皇太子として訪欧したときには海路で香港、シンガポールを経由して行ったのですが、太平洋戦争で英国の植民地だった香港とシンガポールを占領した日本の皇太子が、同じルートで英国に行くことはできないと考えていたのがわかります。そうすると北アメリカ大陸を経由する大回りになるから、皇太子が疲れてしまうのではないかと言っているのです。訪欧する前から体調が悪化した大正天皇の名代として地方を訪れ、陸軍特別大演習を統監した体験をもつ天皇から見ると、皇太子はそうした体験が乏しいと映ったのでしょう。しかし結局、戴冠式には皇太子が出席することになります。

天皇は皇太子が通っていた学習院大学政経学部にも不信の念を抱いていました。天皇は皇太子が学習院を中退してもいいと考えていました。

いや、学習院としては、東宮ちゃんがやめたとなれば評判がわるく影響するだらうから、東宮ちゃんの話をきいても、社会科がどうもいかぬとの事で、清水（幾太郎、社会学者、学習院大学教授）といふのをけんか両成敗でやめればそれでいゝのではないかとも思ふのだ（社会科と社会学とのトンチンカン少しあれど、敢て何も申上げず）。（中略）

いや、私の学問所は洋行の機会に止めになつたのだから、今度の御大礼に行く事にでもなればその時がいゝと思ふ（一九五二年六月二五日）

第８章「人物観３」で取り上げる清水幾太郎は、ただの社会学者ではなくマルクス主義に接近した学者であり、全面講和を唱えた平和問題談話会の事実上の代表であり、内灘闘争に共感する左派の代表的な知識人でした。天皇は皇太子が清水の影響を受けることを恐れ、皇太子を中退させるとともに清水も「けんか両成敗で」辞職させればよいと言っています。また自分が通っていた東宮御学問所は訪欧の前に廃止されたとして、皇太子も訪欧するならばそれに合わせて中退すればよいと言っています。

皇太子の一行は一九五三年三月三〇日に横浜港を発ち、米国、カナダを経由して英国に向かいました。エリザベス女王の戴冠式が行われたのは、六月二日でした。皇太子が帰国するに先立ち、天皇は再び持論を展開します。

〔皇太子が留年して〕五年にのばす事は私はいかんと思ふとの仰せ。その理由は御学友が変るからいかぬとの仰せ（中略）、御学友が変るのはわるいからそれは反対だと非常に強く御主張になる。（中略）強く数回繰返し、無理を学習院に頼むのはいかん、そして場合によつたら此際を機として学習院は奇麗さつぱり止めて単独で勉強する事にするのがいゝ。大声に〔て〕繰返し仰せ。（一九五三年七月一四日）

田島が一年留年して卒業する方法もあると言ったのに対して、天皇は学友が変わるからそれはダメだ、「奇麗さつぱり」中退し、単独で勉強したほうがよいと反論しています。学習院に長く在学し、清水のような教授から影響を受けるくらいなら、皇太子を一刻も早く中退させるほうがましだという天皇の本音が透けて見えるようです。

結局皇太子は長期の欠席に伴う単位不足を理由に大学を中退しましたが、聴講生として引き続き大学には通うことになります。中等学科と大学という違いはあるにせよ、学習院を「奇麗さつぱり」中退して個人授業に切り替えた大正天皇と同じ道を皇太子が歩むことはありませんでした。

秩父宮に対しては同情的

二・二六事件に際して秩父宮が弘前から上京してきたことに昭和天皇が不信の念をもっていたように思われることは第3章「戦前・戦中観」で触れましたが、結核を患ってからの秩父宮は静岡県の御殿場にあった別邸で療養生活を送っていました。ところが一九四九年七月、秩父宮が米国主導の占領政策を公然と批判するインタビューの文章を英訳したものをGHQが入手し、にわかに問題化します。

田島は同年七月一三日の日記に「電話あり、Bunker 会見希望とのこと。五時単独にてゆく。秩父宮の Interview を陛下にもつてゆけといふ」と記しています。Bunker はマッカーサーの副官だったローレンス・バンカーです。田島はすぐに天皇が滞在していた葉山御用邸に行き、この文章を天皇に見せたときのやりとりを記しています。

御病気でnervous故、強い言葉が出たといふ事も考へられる。私の希望としては、秩父宮様が適当に、或は軽い陳謝的のことをいはれる方がよいと思ふとの旨拝す。其旨は言上してもよろしきやと伺ひたるに、近頃は秩父宮様は穏か故よからんとの仰せ。(一九四九年七月一三日)

天皇は結核ですでに一〇年近くも療養生活を続けている秩父宮に対して同情的でした。GHQに許しを乞うような、「軽い陳謝的のこと」を言ってくれれば、それでよいとも言っていま す。秩父宮本人にその旨を伝えてよいかと田島が尋ねたところ、天皇は「近頃は秩父宮様は穏か故」よろしいと答えている。

二・二六事件の忌まわしい記憶はあったにせよ、敗戦後に皇太后節子や高松宮、三笠宮らが退位論を唱えたのに対して、「秩父さんは終戦直後に内大臣(木戸幸一)や松平慶民《よしたみ》(元宮内大臣、元宮内府長官)に、はつきり退位論でない御説」(一九五一年一二月一七日)を言っていたと天皇は考えていました。天皇が秩父宮を「近頃は」「穏か」と評し、同情的な態度をとったのは、この点があったのでしょう。だからこそ、「一昨年や昨年始め頃はそうでない宮様の御意思の様(退位説)な印象を受けて居ります」(同)と田島に言われ、「おかはりになつたか……」(同)と衝撃を受けるわけです。

一九四九年七月一四日、田島は御殿場に向かい、秩父宮に天皇の言葉を伝えます。日記には、「殿下の意見は日本人の自覚反省要旨にて進駐軍の批評にあらずとのこと、少し争ふ」とあります。田島に言わせれば明らかな批判でしたから、口論になったのでしょう。帰京してバンカーに会った田島は、秩父宮が反省していると伝えました。

七月一六日にも田島は御殿場を訪れましたが、日記には列車の発着時間が記されています。序章で言及した御殿場線の臨時列車は、このとき運転されたと見られるものです。田島は国府津での乗り換えにつき、「乗換都合よく」と記しています。

当時は公共企業体の日本国有鉄道が発足したばかりで、初代総裁の下山定則の轢断死体が発見される「下山事件」が起こった直後の時期に当たっていました。宮内庁が国鉄に働きかけ、国府津―御殿場間に臨時列車を走らせた可能性があると思います。

戦後も終わらない高松宮との対立

前掲『昭和天皇』で記したように、昭和天皇と高松宮の関係は一九四四年七月にサイパンが陥落したころからぎくしゃくしていました。早期の講和を主張する高松宮に対して、昭和天皇が「一撃講和論」(米軍に一撃を加えたうえで和平交渉を行うべきという考え)を唱え、戦争の継続を主張したことが原因でした。

これが戦後になると、天皇は退位すべきと考える高松宮と、退位をいったん考えながらそれを撤回した天皇との確執へと変化します。天皇が皇太后に向かって、「皇族の義務は行はず皇族の権利計り主張する」(一九四九年一〇月六日)高松宮の態度をあしざまにけなしたことは、第6章「人物観1」で見た通りです。「高松さんが〔吉田茂〕総理に意見書の様なものを出すといつてたがその内容は何か、私の責任問題とか退位とかいふ事ではないのか」(一九五一年一〇月五日)という天皇の発言からも、戦後の天皇が高松宮の動きに注意を払っていた様子がうかがえます。

天皇が退位する場合、皇太子が未成年の間は摂政を置く必要があり、第二皇子の秩父宮が病気であることを踏まえると、第三皇子の高松宮が摂政になる確率が高い。天皇が退位しないと考えを改めたのは、高松宮が摂政になることに対する反発もあったように思われます。

このことを示す天皇の発言を取り上げてみましょう。

〔高松さんは〕直接私に退位を仰つた。そして毎日の事でないから御病身でも秩父さんが摂政にならればい、といはれた。之はほんとの私の邪推だか実際はどうだか分らぬが、其時口では秩父さんといってたが腹では自分と思つてゐたのではないかしら。今退位論でないとすれば、邪推だが、東宮ちやんが成年に達し、御自分が摂政になれないから退位論を改説されたのかしら（一九五一年一二月一七日）

天皇は高松宮が面前ではっきり退位すべきだと言ったと話しています。そのとき口では秩父宮が摂政にと言っていたが、「腹では自分と思つてゐたのでは」と天皇はにらんでいました。田島から高松宮が今では退位論者ではなくなったことを知らされると、皇太子がこの年に成年になり、摂政になれなくなるから引っ込めたのではないかと本音をあらわにしています。

一九五〇年三月八日、山形県の蔵王でスキーをしていた高松宮が負傷したことを知らされた際には、「多少御反省の機会になればよいと思つてる。国民の状態がこんなとき、いはゞ行楽的に御出掛が多過ぎるやうに思ふから」（同年三月一〇日）と話しています。「高松さんと御懇親するのは食事以外よりないよ」（一九五三年六月二四日）というのは、天皇の本音だったのでしょう。こうした話をたびたび聞かされた田島は、「高松宮等の御話はすべてと申上げてよい程批判的に御話になる傾向は蓋《おお》ひ難しと信ず」（同年七月一四日）と感想を漏らしています。

三笠宮は我がままに育った

大正天皇の第四皇子の三笠宮は一九一五（大正四）年一二月の生まれで、第三皇子の高松宮とは一〇歳離れていました。昭和天皇、秩父宮、高松宮は大正天皇の皇子であるとともに明治天皇の皇孫でもあり、三人そろって両親である大正天皇、貞明皇后と別々に育てられましたが、大正生まれの三笠宮は皇孫ではなく、三人の兄たちよりも多くの時間を貞明皇后とともに過ごしました。こうした違いについて、田島は天皇とやりとりしています。

秩父高松両宮と三笠宮とはどうも離れておいでのやうでありますが、下世話に申す末つ子は可愛いといふので、皆様は皇孫で御生れになり、三笠宮様は皇子として御生れで、大宮様が多少御可愛がりになつたといふ様な事もございませうかと申上げし処、私なども、おもう様、おた丶様と御一所の事は余りないが、日光や葉山の附属邸といふものは三笠宮の為に出来たといふ一例を見ても、田島の今いつたやうな事はあつた。随分澄宮（三笠宮崇仁親王）さんは腕白で、籐椅子を御振り上げになつたのを女官が御止めしたのを、大宮様が子供は活発でなければと御止めになつたといふやうな例もある。（一九五三年二月二五日）

「附属邸」は日光田母沢御用邸と葉山御用邸の付属邸のことで、それぞれ一九一六年と一九年に澄宮御殿として建てられました。天皇は「三笠さんは私達よりは永くおたゝ様の傍に居られた故、外の高松さんなんかより、より我儘の処があるやうに思ふ」（同年四月一〇日）とも語っています。自分たちと違って母親に直接多くの時間育てられたから、甘やかされて我がままになったというのが天皇の三笠宮に対する見方でした。

三笠宮は天皇の弟にもかかわらず左派の学者と付き合い、左派的な言動を繰り返しているというのが、天皇と田島の一致した見方でした。田島は「三笠さんのいろ〳〵の事を論じになります事に御忠告する公開状が右翼の雑誌に出ました。半分読みましたが一々尤もと存じます」（一九五二年三月七日）と天皇に話しています。『国体文化』同年三月号に出た里見岸雄「三笠宮に捧げる公開状」を読み、共感しているわけです。

ちなみに、この『国体文化』という雑誌はいまもあります。私も前掲『昭和天皇』を出したときには、「看過できない昭和天皇論――原武史『昭和天皇』の冷血」というタイトルの書評で酷評されたことがあります。

三笠宮の言動を変えさせるためには、天皇や皇太子、あるいは秩父宮などと同様、洋行させるしかないと田島は考えていました。「思想其他御行動の上にも多少改めて頂きたい為にも、此際どうしても御洋行が一番よろしいとの結論は動きません」(一九五三年五月一八日)と話す田島に対して、天皇も「三笠宮は万一の時には皇位継承の権がある方だといふ御自覚が足らんと思ふ。それは洋行といふ事はどうしてもいゝと思ふ」(同)と応じています。三笠宮夫妻は一九五七年に北欧三国を訪れましたが、『文藝春秋』五九年一月号に「紀元節についての私の信念」を発表して紀元節復活の動きを批判するなど、三笠宮の「思想其他御行動」が改まることはありませんでした。

天皇は、三笠宮が言行不一致で口が軽いとも言っています。

三笠さんも御料理の話で中々いろいろのものを御食べになつてるやうで、牛の頭の料理はおいしいとか何とかいつてられたが、私は三笠さんは矛盾も甚しいと思ふのだがネー。いろいろ進歩的の意見を平素いはれるが、あゝいふ贅沢な料理のお話もなさる。それにお口が比較的軽いから、これは私の杞憂かも知れぬが一寸心配だと思ふのは、ゆうべの様な御馳走の話を外でされやせぬか。侍従などの一般に伝はる話では皇室は御質素などといつてるが、此間は料理が出たなどといはれると誠に困つたものだが(中略)、三笠さんは困るよ、此前長官に七千万円もかけて仮宮殿を作るは贅沢だなどいって来たなら、牛の頭とか贅沢の料理などは知らぬ筈《はず》だ。矛盾だよ、三笠さんは（一九五三年六月二四日）

かなり激しく三笠宮に対する不満をぶちまけています。一九五三年三月に七〇〇〇万円かけて宮内庁庁舎三階事務室を改修し、仮宮殿にしたのは贅沢だと批判しながら、「牛の頭」みたいな贅沢な料理を食べている。しかも口が軽いからそういう話を口外しかねない。皇室は質素ということになっているのに贅沢な料理を食べているのが知れ渡ってしまうと、皇室に対するイメージが悪くなると心配しているのです。

戦後の天皇は、母親とも弟たちとも概して関係がよくなく、しばしば田島に批判や不満を漏らしていたことが浮かび上がってきます。

正仁親王がキリスト教の信仰をもってもよい

昭和天皇の第二皇子で、皇太子明仁の弟に当たる義宮正仁親王（後の常陸宮）は、一九五一年三月に学習院中等科を卒業して四月に高等科に進学しましたが、キリスト教に大きな関心をもっていました。この点につき、天皇はこう話しています。

義宮さんの基督教《キリスト》の事だが、非常に熱心で、私にも東宮ちやんにもいふから友達には秘密にするとはいつてるが話すかも知れぬ。万一の事があれば義宮さんも皇位を継承すべき人だから、基督教はいゝ宗教に違ひないが、義宮さんの身分としては同時に仏教の事も知り、神道の事も知つて、偏して貰ひたくない。(一九五一年一一月一日)

天皇の神道・宗教観については第9章で触れますが、ここでは正仁がキリスト教の話をうっかり外でもすることを心配し、皇太子に万一のことがあった場合に皇位を継承するからには仏教や神道についても知る必要があると述べています。ただキリスト教自体は「いゝ宗教に違ひない」とも言っています。

これに対して、田島は正仁の成績が上向いてきたことを根拠として持論を展開します。

〔学業の〕進歩と基督教の御信仰の問題と、田島は離るべからざる関係が御ありと思ひます。青年の一番六ケしい時を御乗り切りになる時、基督教が役立ち御落付きの結果、御学問なども御進歩だと思ひますから、只今基督教の事を彼是申上げます事は、角をためて牛を殺

すといふ事になるかと存じます故、今暫《しばら》く御見送りの御許しを得たいと存じます。（同）

キリスト教の信仰があったからこそ正仁の成績は向上してきたのだから、いまそれをやめろと言うのは「角をためて牛を殺す」ことにならないかと反論しているのです。天皇は「あ、そうか。ウン。角を矯めて牛を殺す。ウン、そうだよろしい。見送る事でよろしい」（同）と田島に同意しています。キリスト教を信仰すること自体は悪くないと考えていたからこそ、あっさり態度を翻したわけです。

少ない明治天皇と大正天皇への言及

祖父の明治天皇や父の大正天皇に対する言及の回数は、皇太后節子や弟たち、子どもたちに比べるとはるかに少ない。しかも明治天皇については、相矛盾したことを言っています。それがわかるのが次の三つの発言です。

明治天皇は平和の意図強き御方にて世に誤解あり。日清戦争にも御反対であつた。（一九五〇年一〇月一七日）

日清戦争決定の時、神宮賢所へ御奉告の事を肯《がえ》んじにならなかつたといふ事実を公表してくれといつた事がある。私は奉告せぬといふ其事柄は明治天皇のなされんとした事でも賛成致し兼ねて反対だが、其手段は別として、日清戦争の廟儀〔議〕がきまつてもそれを奉告すら御躊躇になる平和的の御心持ちは尊い（一九五一年五月七日）

私も明治天皇は何の印象も受けて居らぬ。拝謁に出ても待たされたなどして何の印象もない。実は明治天皇の事は、御裏とか色々の人の話とか成人後にきいて御人格を存じあげたので直接の事は何もない。（同年五月一六日）

三番目の発言から察するに、一番目の発言も二番目の発言も明治天皇から直接聞いたわけではなく、成年に達してから人づてに聞いたにすぎないということになるでしょう。

注目すべきは、一番目と二番目の発言で明治天皇が日清戦争に反対だったことには触れても、明治天皇が開戦に際して「よもの海みなはらからと思ふ世になど波風のたちさわぐらむ」の和歌を読み上げたとされる日露戦争には触れていないことです。この和歌こそ、明治天皇が「平和の意図強き御方」だったことのあらわれとして言及されることが多いからです。

昭和天皇自身、太平洋戦争開戦前の一九四一年九月の御前会議で、この和歌を二度読み上げたことはよく知られています。しかし平山周吉『昭和天皇「よもの海」の謎』(新潮選書、二〇一四年)が指摘しているように、この和歌は実は日露戦争が始まってから詠まれたものであり、明治天皇がやむをえず戦争を容認したものだという解釈がなされています。平山さんは、四一年九月の時点で昭和天皇はこうした解釈を知らなかったと推測しています。日露戦争に触れなかったのは、後になって昭和天皇がそれを知ったからかもしれません。

大正天皇への言及も多くありません。一九二一(大正一〇)年一一月二五日に大正天皇が引退させられ、皇太子だった自分が摂政になった経緯について何か発言していないかと探してみましたが、ありませんでした。せいぜい、香淳皇后が色覚異常であることも含め、「大正天皇御脳及良宮色盲のことなどはうそではない」(一九四九年二月七日)と言っている程度でした。「御悩」は貴人の病気を意味しますが、「御脳」は脳の病気を意味するように思われます。

大正天皇の命日とされる一二月二五日には、宮中祭祀の大祭に当たる大正天皇祭が行われていました。しかし実際には、前日に当たる一九二六年一二月二四日に亡くなっていたことを天皇は話しています。

十二月は大正天皇の祥月御命日ではあるが、普通の月の場合は二十四二十五も私も良宮も余り気にしない。二十四日の日に大正様が本当は御大切になられたので二十五日はいはゞ発表の様な訳故、おた、様は二十四日大切と御話になるのだ。(一九五一年三月一三日)

「御大切」は貴人に危険や災難が迫っていることを意味しますが、ここでは「崩御」すなわち死去を意味します。

命日を一日ずらしたのは明治天皇と全く同じだったことがわかります。明治天皇も一九一二(明治四五)年七月二九日に死去したのに、死去したのは公式には三〇日とされ、七月三〇日が明治天皇祭とされたからです。明治天皇の后の美子《はるこ》(昭憲皇太后)も一九一四(大正三)年四月九日に亡くなりましたが、公式には一一日と発表されました。

大正天皇に対する思いを天皇が語ったのは、管見の限りただ一カ所、「私ももつと孝行すべきであつたやうに思ふ」(一九五一年六月五日)だけです。母親に対してはあれほど過剰に語っているのに、父親に対してはほぼ沈黙を保っています。

第8章

人物観3——政治家・学者など

マッカーサーとの会見

昭和天皇と「MC」ことマッカーサーの会見は、一九四五年から五一年まで、全部で一一回開かれています。「拝謁記」では、このうち一九四九年七月八日に開かれた第八回会見、五〇年四月一八日に開かれた第一〇回会見、五一年四月一五日に開かれた第一一回会見でマッカーサーが話したことが、天皇の口を通して語られています。

第八回会見では、「皇太子の印象はMCには非常によかつたらしい。両親としてほこつてよいといつた。知的にも聡明でおちついてcharmingだ云々といつた」(一九四九年七月八日)として、マッカーサーが皇太子に好印象をもったことが語られています。

第一〇回会見でのマッカーサーの発言についてはこう話しています。

北海道は稍《やや》もすれば米国が見捨てる等の風説も行はれ居る際故、是非可成《なるべく》早く北海道へ御巡幸願ひたいと積極的に早い事を希望してたとの御話。又、一般国際情勢は余程悪化した。単独講和など絶対にこゝ三ヵ月位はおきぬし、其後も迚《とて》も六ケしい世の中で、東洋も西洋も一つになつて動く六ケしい時といつてた。MCは従来楽観的のいひ方の人だが、これが悲観的の見方故、世界の情勢は余程考へなければと思ふ。（一九五〇年四月一九日）

マッカーサーは、米国から見捨てられているという誤解を解くためにも、天皇の北海道巡幸を「可成早く」望んでいること、世界的に冷戦による東西対立が深まっていて、マッカーサーも悲観的になっているいまの状況下では、米国と日本が単独講和を結ぶことも難しいことを天皇に話したと言っています。

しかしマッカーサーは一九五一年四月一一日、トルーマン大統領に連合国軍最高司令官を解任されました。天皇は午後五時のニュースで第一報を聞いて「驚いた」と話し、「共和党、民主党の関係もあらうし」と感想を漏らしています（一九五一年四月一一日）。

最後の会見となった第一一回会見でのやりとりについてはこう話しています。

いつもと違つて少し元気がないやうだ。その証拠には、いつも〔の〕演説口調がなかつた（中略）。あまり将来の事にはふれない様にと思つたが、朝鮮の今後の事はといふ事だけふれた処、これは日本人にとつて直接の関心事であるといふ事をいつた処、それは全く御同意見で、今後難問だといふ事をいつてた。（中略）皇室の為の配慮の事を礼をいつた処、それは非常に喜んだらしく、それから大変元気な声を出す様になつた（同年四月一八日）

解任されたショックからか、いつもより元気がなく、朝鮮戦争の今後については「難問」としながら、天皇が皇室に配慮してくれたことに謝意を表すると「それから大変元気な声を出す様になつた」。天皇は次に触れる吉田茂と同様、マッカーサーも共産党を過小評価している点に不満をもっていましたが（一九五〇年一月一七日）、天皇制を残してくれたことに対しては感謝していたことがうかがえます。

マッカーサーは第一一回会見の翌日に当たる一九五一年四月一六日に羽田から帰国の途につきました。天皇は見送りのため「御出にもなりかねぬ様子」（同年四月一四日）でしたが、田島は「それは絶対に御やめの事」（同）と諫めています。

吉田茂に対する相反する感情

田島が宮内庁長官だった時期は吉田茂が首相だった時期と重なっていますので、天皇が吉田について語ることが少なくありませんでした。

天皇は吉田が「少し強引で自信が出来過ぎた傾き」（一九五〇年一月一七日）があると見なし、「非常にいゝ人だが人物を見る明〔るさ〕の点どうかと思ふ」（一九五一年一二月二四日）とも語っています。また日本共産党を甘く見ていることについては、次のようにしばしば不満を漏らしています。

吉田はどうも共産党を少し過小評価してるやうだ〔中略〕。例へば野坂〔参三〕の事をきいたらこれから調べるといつてた位だ（一九五〇年一月一七日）

吉田が共産党を非合法化するといひながら中々しないで、法務府の特審局〔特別審査局〕強化の上とか何とかいつて居るが、私はもつとすべき事があると思ふ。それは赤を非合法化して、之を取払つても地下にくゞつて、中々根絶出来なければ治安の問題としては同じだしする〔同じだと思う〕から、此赤の思想の温床であり、又反米思想の温床ともなる所の事をもつと留意して手を打たなければどうかと思ふ（一九五一年三月一二日）

どうも吉田は楽観であり、ソ連の事、共産の策動の事も大した事なしといふのみで、その具体内容など少しもいはず、対策の内容も少しもいはず、保安隊は治安だけ、外敵の侵略には法規上は出来ぬといふ事につきても粗枝大葉〔大雑把なこと〕の議論をするのみ。（一九五三年八月一二日）

野坂参三は、日本共産党幹部の一人で、レッドパージと党内の分裂に伴い、五〇年九月に中国に亡命することになる人物です。法務府特別審査局は、五二年七月に設置される公安調査庁の前身に当たる行政機関です。そして、保安隊は五二年一〇月に警察予備隊を改編した組織で、自衛隊の前身に当たります。

三つの発言ともに、天皇が逆に共産党を過大評価していることが伝わる発言になっています。共産党を非合法化するだけでは不十分で、戦前のように地下活動まで含めて徹底的に弾圧しなければならないのに、吉田はろくに対策を立てようとしないと言っているのです。

天皇は、吉田が再軍備に対して否定的であることにもしばしば不満を漏らしています。

どうも総理は楽観的でネー。再軍備の問題など、マッカサーとダレス〔米国大統領特使〕とで話合つた時の事をちやんと今でも信じ切つて、再軍備はしないといつてるよ。私はちやんともう少し誰でも普通の人に分りよいように国として立つ以上、自衛の為の軍をもつというふ方へ持つて〔い〕つた方がいゝと思ふのだがネー。（一九五三年七月二五日）

自分の国の防御を自分でやるのは当り前だから、吉田のやうに楽観して呑気なことをいってるのはどうかと思ふネー（同年八月一一日）

防衛の問題についても、ダレスの言に対しても、相変わらず国力を云々するのみで、米国の援助で経費を余り要せず出来る筈なのに、そういふ細論に亘《わた》らず只国力がまだといふのみ（同年八月一二日）

第2章「政治・軍事観」で触れたように、天皇の本音は独立回復を機に憲法第九条を改正し、自衛軍をもつことでした。吉田は一九五一年一月二九日、マッカーサー、ダレスと会談し、再軍備を要求するダレスに対して、経済力がないという理由でこれを断っています。それをいまだに言っていることが、天皇には不満だったのです。

東京をしばしば空け、私邸のある神奈川県の大磯に帰ったり、新町三井家の別邸のある箱根小涌谷にこもったりしたまま閣議にも出ない吉田のスタイルについても問題にしています。

吉田の大磯行は私は賛成なんだが、尤《もっと》も休養といってもどういふ風にしているかは知らぬが、休む事は必要だと思ふ。けれども、土日以上に金曜日から火曜までといふのはどうかネー（一九五二年五月一二日）

新聞で御覧かと存じますが、日比谷の会場で首相が病気といふ事で出ませんでした為め、一寸騒ぎましたやうですが……と申上げし処、箱根へいったのはわるい、東京に居て公務差支で出られないならまだいゝが……との仰せ。（同年七月一一日）

一番目の発言では、吉田が土日に大磯に戻ることには賛成としながら、金曜日から火曜日まですっと大磯にいることには疑問符をつけています。二番目の発言では、東京で開かれた「引揚未済者の大会」（同）に天皇は出たのに、吉田は病気と称して実際には箱根小涌谷の三井別邸に引きこもっていたことを批判しています。那須御用邸にいても必要があればすぐに帰京する自分自身と吉田を比較しているようにも見えます。

その一方で、現実的には吉田に代わる政治家がいないことも素直に認めています。

吉田は老人で気の毒だが、矢張り此人に続いてやつて貰はなければならんと思ふ（一九五二年八月二七日）

吉田も憲法改正、軍備、そしてアメリカ援助要求、外資導入と行けばすつきりするが、その点どうも駄目な事、そうはいふもの丶更《かわ》るものがない現状のこと（中略）等仰せあり。（一九五三年二月一七日）

いろいろと不満はあっても、当面は吉田に首相を続けてもらうしかないというのが、天皇の現実認識だったことがわかります。

鳩山一郎と岸信介に対する批判

天皇は、吉田のあとに首相となる鳩山一郎と岸信介に対しても言及しています。もちろん未来の話になるのでこの二人が首相になると天皇が考えていたわけではありませんが、吉田よりは明らかに評価が低いのがわかります。

鳩山も岸も戦後にGHQにより公職追放されましたが、鳩山は一九五一年八月に、岸は五二年四月に解除されました。鳩山の追放解除については、こう話しています。


追放だが、鳩山(一郎)など田中(義一)内閣の書記官長で、その時の大番頭の実際上の立場、権限をつきとめなければいへない事だが、此内閣の張作霖事件のさばき方が不徹底であった事が、今日の敗戦に至る禍根の抑々の発端故、大番頭の番頭振りによるが如何のものかと思ふ。(一九五一年六月八日)

天皇は、鳩山が田中義一内閣の「大番頭」である内閣書記官長だったことを問題にしています。第3章「戦前・戦中観」で触れたように、この内閣のときに起こった「張作霖(爆殺)事件」(満州某重大事件)への対応こそが敗戦の遠因になったと考えているからです。このため、追放解除にも難色を示しているのです。

一九五二年九月、鳩山は自由党の公認候補として東京一区から衆院選に出馬することを表明し、「共産革命防衛のための自衛軍を設置し、憲法改正を行う」「ソ連など平和条約未締結国とは戦争終結状態を促進したい」といった基本構想を発表しました（『読売新聞』同年九月一三日）。これに対して天皇は、「政策中、再軍備などは兎に角として、未約定国と（の）交戦状態を片付けるといふのは非常にまづくなる可能性があり、いはん方がいゝやうに思ふ」（同年九月一三日）と発言しています。再軍備については評価する一方、ソ連などとの国交回復については時期尚早としたわけです。

岸の追放解除については、鳩山以上に強い疑問を投げかけています。

随分軍人とやつてた岸信介（元国務大臣）なんかも、免除といふ事でおかしいと思ふ。（一九五一年六月八日）

宣戦の詔勅に副署したものは、誰もかれも追放解除しないといふのはひどい。岸（信介、元商工大臣）などは主戦論者だからそれで当然だけれども八田《はった》嘉明《よしあき》（元鉄道大臣）なんかは解除してもいい（同年一二月二四日）

賀屋《かや》（興宣《おきのり》、元大蔵大臣）に比べて主戦的なのは岸だ。賀屋が巣鴨で岸が追放解除は失当だ

（一九五二年四月二二日）

岸は東条英機内閣の商工大臣で、一九四五年九月にA級戦犯容疑で巣鴨プリズンに入所しましたが、東条らが絞首刑にされた四八年一二月に不起訴のまま釈放されました。しかし天皇は岸を主戦論者と見なしていたため、追放解除するべきでないと考えていました。三番目の発言からは、同内閣の大蔵大臣で、東京裁判で終身刑の判決を受けた賀屋興宣がまだ収監されているのに岸が追放解除されるのはおかしいと考えていたことがわかります。

後に鳩山や岸が首相になったとき、天皇との間にどういう会話が交わされたのか。想像がふくらむところです。

近衛文麿よりも東条英機を評価

天皇は太平洋戦争開戦前に首相だった近衛文麿と、開戦時の首相だった東条英機という二人の政治家をしばしば比較しています。

東条は条件的にちゃんちゃんとやつた。近衛〔文麿〕は結局無責任のそしりを免れぬことと

なる（一九四九年一一月五日）

いはゞ東条と近衛とを一身に持つ様な人間があればと思ふ（同年一一月三〇日）

近衛は数字が分らぬ。数字の説明など東条がすると、眠つて了ふやうな事がある。本当に春秋の筆法からすれば、太平洋戦争は近衛が始めたといってよいよ（一九五二年四月五日）

近衛はよく話すけれどもあてにならず、いつの間にか抜けていふし、人はいかもの食ひで一寸変つたやうな人が好きで、之を重く用ふるが、又直きにその考へも変る。政事家的といふのか知らんが、事務的ではない。東条は之に反して事務的であつた。そして相当な点強かつた。強かつた為に部下からきらはれ始めた（同年五月二八日）

東条と近衛は人物が対照的であり、二人を一緒にするとちょうどいい一人ができるとしばしば語りながら、総じて近衛よりも東条のほうを評価している様子が伝わってきます。三番目の発言の「春秋の筆法」については、第3章「戦前・戦中観」で説明した通りです。「太平洋戦争は近衛が始めたといってよいよ」は、おそらく天皇の本音でしょう。

天皇自身は語っていませんが、近衛は敗戦が必至と見るや連合国軍の追及を恐れ、京都の仁《にん》和《な》寺《じ》に天皇を押し込めて出家させ、平安時代の宇多天皇のように「裕《ゆう》仁《にん》法皇」にしようとしました（吉田裕『昭和天皇の終戦史』、岩波新書、一九九二年）。天皇は、戦争を始めておきながら終戦に際して責任をとろうとしない近衛の態度を嫌ったのだと思います。

南原繁・清水幾太郎・平泉澄への否定的な評価

次に天皇が当時の学者や知識人をどう見ていたかを検討します。

天皇は、東宮御教育常時参与となった経済学者の小泉信三や、東宮大夫兼東宮侍従長となったドイツ文学者の野村行一を、「正しいゝ人で大変よいと思ふ」（一九四九年二月二八日）と評価しています。しかしここで取り上げるのは、天皇が評価しなかった学者や知識人です。

まず取り上げるのは、一九四五年から五一年まで東大総長を務め、全面講和と天皇の退位を唱えた政治学者の南原繁です。天皇は五〇年二月二二日、南原から「米国旅行談」と題する進講を受けています。

南原の此間の話は矛盾が多いので驚いた。北海道にソ兵の上陸位覚悟せねばならぬかいふかと思へば、全面講和といふ様に、又退位のことにふれたやうだが、一方民主的といひながら国民多数の意思と矛盾するやうなこと、話の内に八方的のいひ方でどうも矛盾が多いやうだ。（一九五〇年二月二四日）

天皇は、南原がソ連の脅威を唱えつつソ連を含めた全面講和を唱えたり、民主主義を唱えながら国民の多くが望まない退位を唱えたりすることに矛盾を感じたようです。田島もまた「自己の絶対卓見の如き自己吹聴の多きこと、稍思はせ振りのこと等々、田島は印象わるく感じました」(同)と応じています。

皇太子の大学進学先については、「大学は南原総長の間は東大はいやだから、学習院の方がよいと思ふ。南原がやめた後なら東大でもよいが……」(同年九月一日)と話しています。皇太子が東大に入り、全面講和や退位を唱えている南原の影響を受けることを、天皇は恐れていたことがわかります。

天皇が望んだ通り、皇太子は学習院大学に進学しましたが、ここでも先に触れた清水幾太郎のような、天皇制に批判的な学者がいました。このことが天皇にとっては非常に不満で、その不満は哲学者で学習院院長だった安倍能成《よししげ》にも向かっています。

安倍〔能成〕はどうしてそんな人〔清水幾太郎〕を教授にしておくのかネー（一九五三年六月一七日）

安倍〔能成〕はどうして其儘《そのまま》学習院教授にしておくのだらう。先達ての別の教授〔高山岩男、元京都帝国大学教授〕との問題の時に両成敗にやればよかつたのだ。（中略）安倍はなぜ勇気を出せぬのかネー（同年六月一八日）

一九五一年一〇月、安倍能成は教授会に諮らずに、追放解除されたばかりの哲学者、高山岩男を採用しようとしました。これに対して清水や久野収らの教授や、一部の学生が反対しました。高山は戦争中のいわゆる京都学派としての言動に対する反省ができておらず、公職追放が解除されても道義的責任が残ると考えたからです。

高山はいったん着任したあとで辞職しました。天皇は、高山を辞職させるなら「両成敗」で清水も辞職させるべきだったとしているのです。

右派の学者に対しても違和感を表明することがありました。その代表が平泉澄《きよし》です。平泉は「皇国史観」のイデオローグとされた元東京帝国大学教授で、高山と同様、戦後に公職追放され、一九五二年四月に解除されました。

近衛も随分親しかつたかと思ふ。一時は秩父さんも平泉の話をきいたのではないかしら。平泉は皇室の事を一般に知らしたといふ事はあるかしらんが、い丶事ばかりいふといふ歴史観は私と一寸違ふので、一度聞いたあとはもうきく事はやめた。（一九五二年五月二八日）

天皇の言う「い丶事ばかりいふといふ歴史観」こそ、個々の天皇の資質を問わず、「万世一系」で継承されてきたがゆえに尊いとする皇国史観でしょう。東宮御学問所時代に白鳥庫吉《くらきち》から国史を教わった天皇は、これとは違う歴史観をもっていました。

一九三二年一二月、平泉は天皇の前で「楠木正成の功績」について語りました。天皇は「当時後醍醐天皇のおとりになった処置について何か誤りはなかったか」と尋ねました。後醍醐天皇による建武の新政は、恩賞に不公平があったりしてうまくいかなかったのではないか。それによって皇室は危機を迎えたのではないかと言っているのです。平泉がどう答えたかは記録に残っていません（片山杜秀『皇国史観』、文春新書、二〇二〇年）。

平泉は秩父宮に日本政治史を進講したことがありましたが、この秩父宮と平泉の関係についても少し言及されています。二・二六事件に際して秩父宮が弘前から上京したとき、平泉が二月二七日朝に上野から列車に乗って群馬県の水上で降り、水上から高崎まで車中で秩父宮と密談するなど、事件に加担する動きを見せたことが念頭にあったのかもしれません（原武史『歴史のダイヤグラム――鉄道に見る日本近現代史』、朝日新書、二〇二一年）。

第9章

神道・宗教観

皇大神宮のアマテラスによる「神罰」

三重県の伊勢神宮は正式には「神宮」と言い、「外宮」と呼ばれる豊受大神宮と「内宮」と呼ばれる皇大神宮を二大中心としています。このうち、皇室の先祖に当たるアマテラス(天照大御神)をまつっているのが皇大神宮です。

天皇はアマテラスを「平和の神」ととらえています。

三重県の大演習は幾度計画しても不可能となるのは、非科学的ではあるが不思議と思ふ。天照大御神は平和の神、高産神(高皇産霊尊)は戦争の神といふ事がある故、掌典長は天照大神の方の信仰でないと困る(一九五〇年七月一〇日)

「大演習」は明治から昭和戦前にかけて、陸軍が毎年秋に全国各地で開催してきた大規模な軍事演習のことで、一九二三年と三七年は三重県で開催することが予定されていました。ところが前者は関東大震災のため、後者は日中戦争のため中止になりました。

その理由を天皇は、アマテラスをまつる皇大神宮が伊勢に鎮座していることに求めています。ちなみにタカミムスビ(高皇産霊尊)は、『日本書紀』で高天原《たかまがはら》の司令塔的な役割を果たす神で、葦原中国《あしはらのなかつくに》を治めていたオオクニヌシ(大国主神)に戦いを迫り、最終的に国を譲らせました。皇居では宮中三殿の一つ、神殿に合祀されています。「掌典長」は宮中祭祀をつかさどる掌典職のトップです。

天皇は、「三笠さんも天照大御神はいかぬ、神様で日本はまけた。高御むすびの神信仰でなければといはれた事もある」(一九五二年三月七日)とも語っています。三笠宮もまた、戦勝を祈願するなら「戦争の神」であるタカミムスビに祈らなければならないと言っていたと回想しているのです。

実際には太平洋戦争開戦から一年後の一九四二年一二月、天皇はひそかに東京から京都を経由して三重県の山田(現・伊勢市)まで御召列車に乗って伊勢神宮の豊受大神宮と皇大神宮に参拝し、アマテラスに戦勝を祈願しました。それに対する反省の言葉も見られます。

> 神道に副《そ》はぬ事をした為に神風は吹かず、敗戦の神罰を受けたので皇太《ママ》神宮に対する崇敬の念を深くした(一九五〇年九月一八日。傍点引用者)

「皇太神宮」は、正しくは「皇大神宮」です。「神道に副はぬ事をした」とは、「平和の神」であるアマテラスに戦勝を祈願したことを指しています。それを反省するばかりか、「敗戦の神罰を受けた」とまで語っていることには、正直言って驚きを禁じ得ませんでした。一九四六年一月一三日にも、天皇は侍従次長の木下道雄に「神宮は軍の神にはあらず平和の神なり。しかるに戦勝祈願をしたり何かしたので御怒りになったのではないか」（木下道雄『側近日誌』、文藝春秋、一九九〇年）と述べたことがありましたが、それよりも強い表現を用いているからです。

そもそも「神罰」という言葉は、皇太后節子が使っていました。枢密院議長だった倉富勇三郎が記した一九二八年一〇月二〇日の日記には、「形式的ノ敬神ニテハ不可ナリ、真実神ヲ敬セザレバ必ズ神罰アルベシ」という皇太后の言葉が記されています（前掲『昭和天皇』）。ただ形式的に拝礼するだけではダメで、心から神の存在を信じて祈らないと神罰が当たると天皇に警告していたわけです。

一方、天皇はアマテラスに向かって心から戦勝を祈ったがゆえに神罰が当たったと考えていたことがわかります。神罰という発想に皇太后からの影響がうかがえますが、間違った祈りをしたために神罰が当たったとするのは皇太后と違っています。この点に関する限り、「勝利を祈るよりも寧ろ速かに平和の日が来る様にお祈りした」と回想する前掲『昭和天皇独白録』の言葉は真実でないと見るべきでしょう。

「祖宗と万姓に愧ぢる」

天皇は、皇祖アマテラスに対しては自らの行いを詫びる気持ちがありました。では国民に対してはどうだったでしょうか。

ここで注目すべきは、第1章「天皇観」で取り上げた「おことば案」でしょう。一九五二年五月三日の「平和条約発効並びに日本国憲法施行五周年記念式典」に際して天皇が読み上げる「おことば」の草案です。

「おことば案」イからニまでは、天皇自身の反省を意味する言葉として、「祖宗と万姓に愧《は》ぢる」ないし「祖宗と億兆に愧ぢ」という文言が入っていました。「祖宗」は皇祖皇宗、すなわちアマテラスや歴代天皇を、「万姓」ないし「億兆」は国民を意味しています。

この文言について、天皇はこう言っています。

私は祖先に愧づるといふのは入れて欲しいやうに思ふが、国民にとなると一寸変になるか

も知れぬ。何かい、字はないか（一九五二年三月四日。傍点引用者）

「祖宗」はいいとしても、「万姓」や「億兆」を入れることには反対していたことがわかります。アマテラスに対する責任は感じていたのに対して、それと同様に国民に対する責任は感じていなかった天皇の本心が透けて見えるようです。

丸山眞男は「政事《まつりごと》の構造――政治意識の執拗低音」で、「天皇自身も実は皇祖神にたいしては、また天神地祇にたいしては「まつる」という奉仕＝献上関係に立つので、上から下まで「政事」が同方向的に上昇する型を示し、絶対的始点（最高統治者）としての「主」（Herr）は厳密にいえば存在の余地はありません」（『丸山眞男集』第一二巻、岩波書店、一九九六年所収。傍点原文）と述べています。つまり天皇は、自ら「まつる」（奉仕する）アマテラスには責任を感じていても、「まつられる」（奉仕される）国民には責任を感じていなかったことになります。

「おことば案」を主に作成したのは田島でしたが、「祖宗と万姓（億兆）に愧ぢる（愧ぢ）」という表現に異を唱えたのが宮内庁秘書課長の高尾亮一でした。田島は、「「祖宗と万姓に愧ぢる」といふ表現は、矢張高尾の考へは強過ぎるといふ考へで、「日夜為に寝食安からぬものがある」といふ表現の方がよろしいとの事でありますと（一九五二年三月一〇日）と言っています。

田島自身の考えは「祖宗に愧ぢるといふ様な表現は、歴世の詔勅に天災地変の時に使はれて居りまする慣用句で、強いやうで強くない」(同)というものでした。しかし結局、高尾の考えに基づき、同年三月一七日に作成された「おことば案」ホからは「祖宗」を含めて「愧ぢる」という表現そのものが消えています。

宮中祭祀は宗教でないが宗教性はある

「神罰」という言葉から、天皇はアマテラスをまつる伊勢の皇大神宮に対しては宗教性を感じていたことがわかりました。一方、皇居の宮中三殿などで行われる「御祭り」すなわち宮中祭祀に対しては、これと違う言い方をしています。

天理教や何かの神道宗教は宗教だけれども、皇室の御祭りなど祖先を祭る意味にすぎず、神道と考へるのが間違(い)だ。講和後にはこれは又一つ考へ直さなければならぬ。宗教ではないのだ。神田あたりの祭礼も風俗で、仏教信者は沢山出てる事は確かだが、或はキリスト信者も出てるかも知れない(中略)。皇室での祭祀の儀式等余程注意しないと、一方は不都合だと怒る人も出るが一方は神様関係の人から神をおろそかにするといふ批難も出る。

其点は六ケしい（一九五一年一月三〇日）

宮中祭祀は宗教ではないし、神田明神で行われる神田祭も宗教的な祭りではないから、仏教徒やキリスト教徒が加わってもおかしくはない。ただ神への拝礼を伴う以上、完全な俗事とも言えず、「神をおろそかにする」という非難も生じ得る。「講和後にはこれは又一つ考へ直さなければならぬ」の具体的意味は不明ですが、宮中祭祀にもっと宗教色をもたせることを考えていたのでしょう。戦後の宮中祭祀は皇室の私事になりましたから、神道系の教団の要素や、仏教やキリスト教の要素を取り入れること自体は可能でした。

しかし実際には、独立回復後の宮中祭祀が変わることはありませんでした。それでも天皇は、宮中祭祀とキリスト教の類似点につき、こう話しています。

私は賢所などを祭る事を宗教、神道宗教と認めるといふ考に私はいつも反対して居るのではあるが、一面宗教的だといはるればいへぬ事もない点もあるのは其点で、二千六百年といふ様な歴史の面に史実に反するといふ事はあるが、史実に反してるからとて直ちに式年を廃しなくても、それは伝説といふもので国家的に意義あれば、何もやめなくてもいゝと私は思ふのだが、此論になると又一面賢所などの御祭りをやる事を宗教だと見られても仕方がないといふ結論になり、之は一寸おかしな話だが困る点だよ。現に私達などは、キリストの十字架も史実でなく、従つて復活なども考へられず、之は史学ではないが宗教としては認めてるのだから……（一九五三年一一月三〇日）

「二千六百年」は「紀元二六〇〇年」、すなわち初代神武天皇の即位からちょうど二六〇〇年に当たるとされた一九四〇年のことで、同年一一月に皇居前広場で開かれた式典には天皇と皇后が臨席しました。しかし天皇はこれを「歴史の面に史実に反する」と言っています。

東宮御学問所で倫理を担当した杉浦重剛は、「神武天皇は、〔天照〕大神の御心を継承し、皇威を発揚し給ふ。まづ群臣を率ゐて日向の高千穂宮を発し、舟に召されて浪速に上陸せられ、大和・河内の土豪を征し、都を大和の畝傍山の東南、橿原に奠《さだ》め、辛酉の年を以て帝位に即き給へり。これを我が国の紀元元年とす。今を距《へだた》る二千五百七十四年、天皇の御代を重ぬる百二十二代なり」と述べています（『昭和天皇の教科書　教育勅語』、勉誠出版、二〇〇〇年）。国史を担当した白鳥庫吉もまた、神武天皇を「人皇の第一代にして天《あま》ッ日《ひ》嗣《つぎ》の御位は是より連綿として一百二十二代の今上天皇に伝はれるなり」と述べています（『昭和天皇の教科書　日本歴史』上、勉誠出版、二〇〇〇年)。

白鳥の言う「今上天皇」は大正天皇のことですが、当時は南朝の長慶天皇がカウントされていなかったため、大正天皇は「一百二十三代」ではなく「一百二十二代」になっています。杉浦の言う「百二十二代」もこれと同じ意味です。

杉浦も白鳥も、神武天皇を実在の人物と見なしています。天皇が杉浦から影響を受けていたことについては第1章「天皇観」で触れましたが、神武天皇に関する限り、杉浦の言葉も白鳥の言葉も鵜呑みにはしなかったということです。

「式年」は宮中祭祀の一つである式年祭のことで、天皇が亡くなって三年後、五年後、一〇年後、二〇年後、三〇年後、四〇年後、五〇年後の命日と、以後一〇〇年ごとの命日に行われます。初代神武以来、歴代のすべての天皇の式年祭が行われることについても、天皇は「史実に反してる」ことを認めています。

二〇二四(令和六)年四月二六日に自民党が発表した「安定的な皇位継承の在り方に関する所見」には、「神武天皇以来、今上陛下までの一二六代にわたり、歴代の皇位は一度の例外もなく男系で継承されており」とあります。初代神武から一二六代の今上(徳仁《なるひと》)まで、すべての天皇が実在してきたことを当然と見なす現在の自民党よりも、昭和天皇のほうが「万世一系」イデオロギーにより自覚的だったことがわかります。

その一方で天皇は、「それは伝説といふもので国家的に意義あれば、何もやめなくてもいゝと私は思ふ」とも言っています。戦後の宮中祭祀は皇室の私事になりましたから、やめようと思えばやめることもできました。しかし天皇は、史実でないからと言って宮中祭祀をやめる必要はないと言っているのです。

ここで天皇は、「キリストの十字架」や「復活」の話を持ち出します。それらと同様、宮中祭祀にも伝説に基づくものがあり、宗教性があることを認めています。いっそキリスト教のように、神道も正真正銘の宗教にすることができればすっきりするのだが、という天皇の本音が透けて見えるようです。

明治神宮と靖国神社

靖国神社は一八六九(明治二)年に東京招魂社として建てられ、一八七九(明治一二)年に靖国神社と改称されました。主に戊辰戦争から太平洋戦争までの内乱や対外戦争で政府や国家のために戦って死んだ軍人や軍属が一括してまつられています。旧社格は別格官幣社で、官幣小社と同格の神社です。一方、明治神宮は一九二〇(大正九)年に建てられました。明治天皇と后の昭憲皇太后をまつり、旧社格は別格官幣社よりも高い官幣大社です。天皇は東京都区内にあるこの二つの神社を比較してこう言っています。

片方は官幣大社で明治天皇が祭神、片方は別格〈官幣社〉でいはゞ大元帥の部下〈臣下といふ言葉を御避けになつた御言葉と拝す〉である。（一九五一年三月二七日）

靖国神社は別格〈官幣社〉であり、明治神宮は官幣大社である。其上祭神からいつても私としては明治神宮を先にし、之と同等といふよりは一寸低い位に致したい気がする（一九五三年三月一〇日）

戦中期の靖国神社は、別格官幣社ながら社格のない伊勢神宮と並ぶ神社となり、戦没した「英霊」を合祀する毎年四月と一〇月の臨時大祭の際には天皇が参拝しました。天皇が玉串を捧げる時間はたいてい午前一〇時一五分と決まっていて、この時間は植民地や「満州国」、占領地を含む全国でいっせいに黙禱しなければならない「全国民黙禱時間」とされました。

しかし本来、社格から言っても祭神から言っても、明治神宮のほうが格上でした。天皇は二四〇万柱を超える靖国神社の祭神のなかに、五・一五事件を起こした海軍青年将校の指導者、藤井斉《ひとし》のような人物が含まれていることに不満を隠しませんでした。

> 極端な一例は藤井某〔斉、海軍軍人〕といふのが祭神に祀られてるが、これはいはゞ五・一五の仲間関係で〔井上〕日召《にっしょう》の弟子であり、決してよくない人間だが、自分の運命を感じて第一次支那〔上海〕事変か何かに自殺的に勇敢なる飛行機将校として無茶の事をし結局自殺したやうなものだ。これも祭神の訳だ（一九五〇年一〇月二三日）

井上日召は日蓮宗の僧侶で、血盟団事件の指導者です。一九三二年に起こった血盟団事件と五・一五事件は連続していて、人的にも交流がありました。

天皇が話した通り、藤井は第一次上海事変に出征して戦死し、靖国神社に合祀されました。しかし天皇に言わせれば、戦死ではなく自殺でした。第2章「政治・軍事観」で見たように、天皇の五・一五事件に対する評価は二・二六事件と違っていましたが、藤井に関する限り、二・二六事件を起こして処刑された青年将校と同様、合祀されるべきではないと言うのです。

独立回復後も、天皇は靖国神社を参拝することに対して消極的でした。このことに言及したのが次のやりとりです。

戦死者は靖国神社へ御参拝願ふ事は今迄《まで》は駄目でも最早出来ますから……と申上げし処、それが痛くない腹をさぐられて反米思想に利用されるやうな事は充分留意して避けねばならぬとの仰せ。(一九五二年六月二五日)

靖国神社は明治神宮のあとで適当の日に御参拝……と申上げし処、矢張り靖国神社へ行くのかとの仰せ。(一九五三年一月三〇日)

天皇は皇后とともに一九五二年七月に明治神宮に参拝し、同年一〇月の秋季例大祭に合わせて靖国神社に参拝しました。しかし天皇は、戦中期にずっと参拝してきた靖国神社に再び参拝することは、米国に対する敵対心を煽ることにつながり、反米思想に利用されることにならないかと心配しています。ここで言う「反米思想」とは、内灘闘争のような米軍基地に反対する左派の反米思想ではなく、日米戦争で負けた報復をいつか果たしたいとする右派の反米思想を意味しています。

キリスト教への改宗の可能性

第7章「人物観2」で触れたように、天皇はキリスト教に対してはいい印象をもっていました。改めて注目すべきは次の発言です。

勿論日本人の大多数が基督教になつたといふ場合は、象徴としてもそれでい丶かも知れぬが、現状はまだそうでないし、将来も一寸そうなるといふ見込でもない。今日としては、皇位継承の可能性のあるものは、一派に偏することはいかんと思ふ。（一九五一年七月二日）

「象徴としてもそれでい丶かも知れぬ」というのは、天皇がキリスト教徒になってもいいかもしれないという意味です。もし日本人の大多数がキリスト教徒になれば、天皇も改宗して構わないと言っているわけです。

同時に、少なくとも現状ではその見込みはないとも言っています。前掲『昭和天皇実録』第十にあるように、天皇は一九四六年七月から八月にかけて、宮内省御用掛の木下道雄を九州に派遣し、カトリックの状況を調べさせたことがありました。安土桃山時代から江戸時代にかけて九州で広がったカトリック教徒が、敗戦を機に再び増えていないかどうかを調べさせたのだと思います。

状況によっては、天皇がカトリックに改宗する可能性もあったことは、前掲『昭和天皇』や『「昭和天皇実録」を読む』で記した通りです。一九四八年七月九日の日記で、田島が天皇と「改宗問題」について話し合ったと書いているのも、このことを意味しています。

しかし結局、キリスト教徒は増えていないことがわかり、天皇は改宗しませんでした。義宮正仁親王(後の常陸宮)がキリスト教に熱心になることを危惧し、「皇位継承の可能のあるものは、一派に偏することはいかんと思ふ」と話したのも、少なくともいまの状況ではキリスト教に偏ってはいけないと考えたからでした。

「御寺では礼拝はせぬ」

仏教に対してはそっけない態度をとっています。真言宗智《ち》山《ざん》派の大本山、成田山新勝寺や日蓮宗の大本山、誕生寺がある千葉県への行幸に関しては、こんなやりとりを交わしています。

成田〔山新勝寺〕は大宮様御願掛け遊ばしたとかいふ事で、三里塚の帰途御立寄りがありました。又小湊の誕生寺は日蓮（日蓮宗の開祖）関係でありまするが、今後皇后様行啓の時京都などでは仏閣一切御止めとも参りませぬと存じますが……御礼拝は……と申上げし処、御寺では礼拝はせぬとの仰せ。併《しか》し史蹟とかいふ意味ならばよつても悪くはないが……

（一九五三年二月一一日）

皇太后は御料牧場があった千葉県の三里塚からの帰途、成田山新勝寺に立ち寄り、願掛けをしたことがありました。田島の日記によると、皇太后が三里塚を訪れたのは一九四九年一一月二〇日で、成田山に立ち寄ったのは翌二一日だったようですから、最もかわいがっていた秩父宮の病気回復を祈ったのかもしれません。また誕生寺には、孝明天皇の典侍で明治天皇の生母に当たる中山慶子《よしこ》のほか、多くの女官が参詣しています。境内には、中山や大正天皇の生母に当たる柳原愛子《なるこ》らが寄進した「天水桶」や、明治天皇の后、昭憲皇太后の「御内仏」などが展示されています（原武史『「線」の思考』、新潮文庫、二〇二三年）。

東本願寺第二四世法主の大谷光暢《こうちょう》の妻となったのが、香淳皇后の妹の久邇宮智子《さとこ》です。田島は皇后が今後京都を訪れる際、寺院を訪問しないわけにはいかないだろうと言い、天皇にどうするのか尋ねたところ、史蹟として訪れるのであればいいが、「御寺では礼拝はせぬ」と明言しています。

なお「御寺」という漢字は皇室と関係の深い京都の真言宗泉涌寺《せんにゅうじ》派の総本山、泉涌寺を指す場合がありますが、その場合は「みてら」です。もちろん昭和天皇も、この寺の境内にある歴代の天皇陵に参拝しています。しかし前後の文脈から言って、この「御寺」は「みてら」ではなく、寺院一般を意味する「おてら」でしょう。

前掲『皇后考』で触れたように、皇太后節子（九条節子）はもともと熱心な日蓮宗の信者で、皇后になっても九条家の墓所がある京都の臨済宗東福寺派の大本山、東福寺にしばしば参詣していました。「御寺では礼拝はせぬ」という言葉には、自分は皇太后とは違うという強い意識がにじみ出ているように見えます。

田島自身は、「学生の時分、内村鑑三（キリスト教思想家）の処へ参りましたが、どうしても基督教へ入れませず、鎌倉の円覚寺へ参りました事もあり、家が東本願寺で結局各宗派に入らず、天地の真理とか天とか仏とか神とかいふ事以外進めませぬのを甚だ残念に存じました」（一九五一年一一月一日）と述べています。内村と同じく無教会派のキリスト教徒だったという記述も見られますが、明確な間違いです。

第10章

空間認識

皇居は移転せず、御文庫をそのまま使う

本章では、天皇が首都圏の皇室関連施設をはじめとする具体的な空間をどう認識していたかについて見ていきたいと思います。

まず注目したいのが皇居です。もとの宮城《きゅうじょう》です。敗戦後に皇居を移転する案が出されましたが、天皇は消極的でした。

賢所もあり、花蔭亭《かいんてい》のやうな所もあり、中々宮城をやめるとすれば問題が多い(一九四九年一一月一一日)

私は何も宮城を此儘《このまま》と必しも固執しないが、世人と異りどこへでもゆけるでなし、せめて家の中で自由に散歩出来る所がほしい。(中略)適当の考が出来れば此宮城に執着するものでは決してない。然し賢所等もあり中々六ケしい問題だ(一九五〇年五月三〇日)

皆のやうにどこにも散歩出来ぬ私には、吹上《ふきあげ》のやうな処を一つおいてくれれば実にい、のだ（一九五三年三月二六日）

「賢所」は宮中三殿の中央にある施設で、三種の神器の一つである八咫鏡の分身が奉安されていることは前にも触れました。「花蔭亭」は、吹上御苑と呼ばれる広大な自然林のなかにある休憩所のことです。天皇は皇居にこだわっているわけではないとしながら、実際には賢所があるし、自由に外出できない条件下では吹上御苑が貴重な散歩コースになっているとして、皇居移転は難しいとしています。

天皇は敗戦後も、皇后とともに「御《お》文庫《ぶんこ》」と呼ばれる防空設備を備えた平屋の建物に引き続き住んでいました。一九四五年五月の空襲で類焼した明治宮殿は再建されず、御文庫が事実上、天皇の御所になりました。田島は湿気の多い御文庫の環境が天皇の健康に悪影響をもたらすことを心配しましたが、天皇はこの御文庫の改築や増築については消極的な意見を再三にわたって田島に伝えています。

終戦後衣食住何れも不足した処、食から衣と段々安定して来たが、住はまだ安定しない。

それだのに私の住居を作るといふ事はどうかと思ふし、之はよく長官で考へて貰ひたい（一九五二年八月二七日）

戦争によつて不幸となつた人に対する政府の施設の予算は、之を充分計上した上でなければ御住居再建予算を提案するはよくないと思ふ。（同年九月八日）

世の中は兎角表面、形に表はれたものだけで批評をするもので、（中略）国民の住の問題がまだ解決せぬのに、又戦争犠牲者の対策が確立せられぬのに、住居再建といふ事になつて批判せられるのは困る（同年九月一五日）

戦後の住宅不足が解消されず、家を失った人々の境遇が改善されない状況が依然として続く限り、自分たちだけ外見をよくするわけにはいかないと考えていたことがわかります。御文庫に代わる天皇と皇后の新住居として吹上御所（後の吹上大宮御所。現在は廃止）が竣工したのは、一九六一年のことでした。

皇居前広場を活用すべき

拙著『完本　皇居前広場』（文春学藝ライブラリー、二〇一四年）で触れたように、戦前は親閲式や記念式典や戦勝祝賀式など、天皇制の儀礼がしばしば行われていた皇居前広場は、戦後になると一転して連合国軍のパレードや左翼勢力のメーデーなどが行われる空間になりました。日本共産党は、この広場を「人民広場」と名付けました。

しかしGHQの方針が変わり、レッドパージが進むにつれ政治目的で広場を使うことができなくなりました。メーデーも例外ではなく、一九五一年以降は皇居前広場で開催できなくなり、会場が明治神宮外苑に変更されました。天皇は独立回復を機に、たとえ政治目的であっても秩序を乱さない限り、広場を使わせるべきだと考えていました。

広場使用の問題の如きも、私は使はしてもいゝと思ふ。秩序を保たぬ場合はいかぬが、一応は秩序を必ず保つといふ条件で許した方が私はいゝと思ふが、そして秩序が保たれぬ事がある場合に禁じて、それもよく理由を懇切丁寧に（此日懇切丁寧を十数回仰せになる）説明してやつて行くといふ事にして貰ひたいものだ。（一九五二年四月三〇日）

独立回復から二日後の発言です。翌日がメーデーであることを踏まえると、天皇は皇居前広場をメーデーの会場として使わせるべきと考えていたようです。翌日のメーデーでは神宮外苑に集まった人々が皇居前広場になだれ込み、警官隊が発砲して死傷者を出す「血のメーデー事件」が起こっていることを踏まえると、天皇の発言はまるでこうした事件が起きることを想定していたかのように読めてきます。

血のメーデー事件が起こってからも、天皇は広場の使用について言及しています。

メーデーに皇居前広場を使はした方がいゝではないか。条件を附して、例へば秩序は完全に守るとか、皇居に対して不敬はせぬとかいふ事を附して許したらいゝと思ふとの事、繰返し仰せあり。（一九五三年四月二七日）

天皇が皇居前広場を「人民広場」と呼んだ日本共産党の勢力を過大評価していたことは前に触れました。その見えない脅威として映った共産党の勢力を、メーデーに際して広場に集め、顕在化しておくことが必要と考えたのかもしれません。外出が自由にできない天皇にとっては、皇居前で開催してくれるほうが安心感を得やすいという事情もあったでしょう。しかし結局、天皇の望みがかなうことはありませんでした。

皇居前広場から見える二重橋（正門鉄橋）は、日中戦争で武漢が陥落したときや太平洋戦争でシンガポールが陥落したときに天皇が白馬に乗って現れるなど、政治空間として活用されました。天皇は独立回復に際して、「吉田のいふ提灯行列が来たやうな時、二重橋迄出るとか……」（一九五二年三月二二日）と話しているように、二重橋に現れることを考えていたようです。一九三八年の武漢陥落祝賀に際して、夜に提灯行列にこたえるため二重橋に現れたことがありましたので、そのときの記憶がよみがえったのかもしれません。

しかしこれもまた実現はされませんでした。一九五〇年代前半から八〇年代後半にかけて、皇居前広場がほぼ使われない時期が長く続きました。天皇が夜間に二重橋に現れるのは、天皇在位六〇年に際して提灯行列が行われた一九八六年一一月になってからでした。

赤坂御用地と新宿御苑

千代田区の皇居とは別に、港区にも赤坂御用地（赤坂御苑）と呼ばれる皇室関連施設がありました。「拝謁記」が記された当時、ここには皇太后の住まいである大宮御所や赤坂離宮（現・迎賓館）、青山御所（現在は廃止）などがありました。

大宮御所については、「大宮御所には可成《なるべ》く手をつけぬ様」(一九四九年三月一一日)と言っています。第6章「人物観1」で触れたような天皇の皇太后観を踏まえれば、当然でしょう。便所が汲み取りのため、水洗に変えようとしているという田島の報告に対しても、「大宮様は水洗でない方がよろしいのではないか」(一九五〇年九月二七日)と言って難色を示しています。

皇居の移転先の候補地として挙がっていた赤坂離宮を天皇が好んでいなかったことは、田島も知っていました。しかし田島は、「外部民間にては赤坂御所(離宮)こそ新憲法下の宮殿としてふさわしく、江戸城の名残りの此皇居はむしろ民衆の為に交通を阻害してるともいへる様、半蔵門から下町への間に蟠居《ばんきょ》するのをいやがるものも一部にはありまする故、皇居そのものも将来はいづこかよく考へる必要もありませう」(一九四九年一一月八日)と反論します。いまでも地下鉄は皇居に進入できないため、半蔵門線のように半蔵門から大手町にかけて迂回していますから、田島の反論には説得力がありました。

天皇は皇居を赤坂離宮に移した場合の危惧について話しています。

どうしても赤坂離宮に住むといふことになるなら、国民に私は好んでゐない、不得已《やむをえず》住むといふことを判然と分らして欲しい。事実、赤阪〔赤坂〕離宮はぜい沢だし、暖房の石炭は随分かゝるし、夏は西日で暑くて仕方ない（中略）。そんないやな所にいって国民には贅沢してるといふ感を与へることは困る（一九四九年一一月一一日）

現在の迎賓館に当たる赤坂離宮に住むのは国民から贅沢と思われないか、もし住むならやむを得ず住んでいることを国民に理解させてほしいと言っています。

昭和天皇自身、大正から昭和にかけての一時期、赤坂離宮に住んでいました。そのときの印象がよくなかったようです。「赤坂離宮は住みにくいし私も良宮も久宮の事で印象がわるいから」（一九五〇年五月三〇日）と言っているように、第二皇女の久宮祐子内親王がここで生まれ、わずか六カ月後、ここで亡くなったことも印象を悪くしたようです。

赤坂離宮が大宮御所に近いのも、天皇にとってはマイナス要因でした。

〈園遊会の〉場所が近頃は赤坂離宮の庭で大宮御所と近接の点で如何かと存じますがと申上げし処、陛下は大宮御所に近いから場所は別の所にしたいネーとの仰せで、園遊会そのものを止めとも仰せなし。（一九五一年一〇月五日）

この当時はすでに皇太后が死去していて、大宮御所が使われなくなっていたにもかかわらず、まだ喪が明けていないせいか、園遊会をやるにしても赤坂御用地ではやりたくないと発言しています。結局、園遊会は皇太后が死去して約二年半が経った一九五三年一一月から、予定通り赤坂御用地で開かれることになります。

赤坂離宮に代わる皇居の移転先の候補地として天皇が挙げたのは、新宿区と渋谷区にまたがる新宿御苑と、赤坂御用地にあった青山御所でした。

私の住居の問題は、城だからといふ様なことは無意味と思ふが、国民市民の多数が此宮城でない方がよいといふことになるなら新宿御苑に簡素なものを建て、住しこゝと取替へたらどうかと思ふ。又新宿御苑が駄目なら青山御所の一部でもよいが、こゝはおたゝ様と近く御散歩等のとき云々と……。(一九四九年一一月一一日)

新宿御苑は、明治から敗戦直後まで宮内省が所管し、大正天皇の大喪の礼が行われたり、園遊会の前身に当たる観桜会や観菊会の会場になったり、昭和天皇のゴルフの練習場になったりしたところです。現在は一般公開されています。

青山御所は、孝明天皇の后である英照《えいしょう》皇太后や、明治天皇の后である昭憲皇太后が住んでいたところで、大正天皇や昭和天皇が生まれたところでもあり、東宮御所としても用いられました。昭和天皇自身、幼少期に青山御所と庭続きの皇孫仮御殿に住んでいたことがありました。ただし青山御所もまた大宮御所に近いので、散歩のときに鉢合わせになってしまう可能性があることを、天皇は危惧しています(このときはまだ皇太后が生きていました)。

前述のように、天皇自身は宮城からの移住は難しいとしていましたので、どちらも積極的に挙げていたわけではありません。あくまでも、国民の多数が皇居でないほうがよいと考えるならばという条件付きの話であり、その場合の第一候補は大宮御所のある赤坂御用地から離れた新宿御苑と考えていたことがわかります。

那須御用邸・沼津御用邸・葉山御用邸

昭和天皇が即位以降に使った御用邸としては、栃木県の那須と日光田母沢、神奈川県の葉山、静岡県の沼津の各御用邸が挙げられます。これらのうち、最も気に入っていたのは、一二二万平方メートルもの敷地面積をもち、種類の異なる温泉の源泉が三本も引かれた那須だったようです。那須で天皇はこう言っています。

私はこゝは冷《すず》しいし、からだの具合はいゝし、研究は出来るし、好きなことは出来るしするので、私的なことからいへば離れたくないが、開会式とか其他でも国務の大切なことには喜んでいつでも帰京するからそのつもりで……。（一九五一年七月二七日）

標高七〇〇メートル弱の那須は涼しく、植物の研究もできるから離れたくないという天皇の本音が剝き出しになっています。皇居の御文庫とは異なり、ここは広いうえ、戦前から全く変わらない自然に囲まれていたため、東京にいるよりもくつろげたのでしょう。田島も「毎年那須に御出掛の事、御健康上およろしきかと存ずる」（一九五二年九月八日）と発言しています。

皇太子が疎開していた日光田母沢御用邸は敗戦とともに廃止され、一九四七年から一般公開が始まりました。皇太后が疎開していた沼津御用邸は四五年七月の沼津大空襲で本邸を焼失し、使い勝手が悪くなりました。天皇は沼津御用邸も廃止し、それに代わる御用邸を伊豆の温泉地に建てるべきだと考えていました。

あの沼津（御用邸）は西邸だけ残してあとはどうかしたらどうだ（中略）、（又話気を御加えの

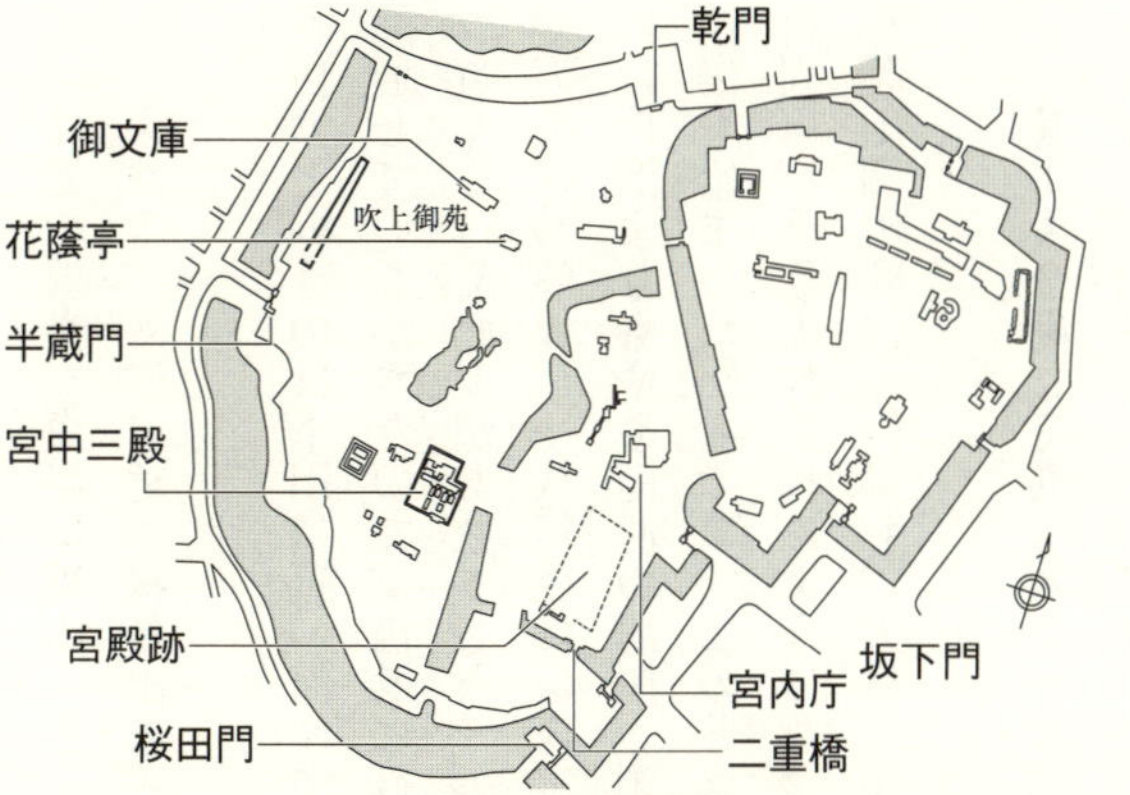

『昭和天皇拝謁記』第1巻収録の図をもとに作成

図1 1950年頃の皇居図

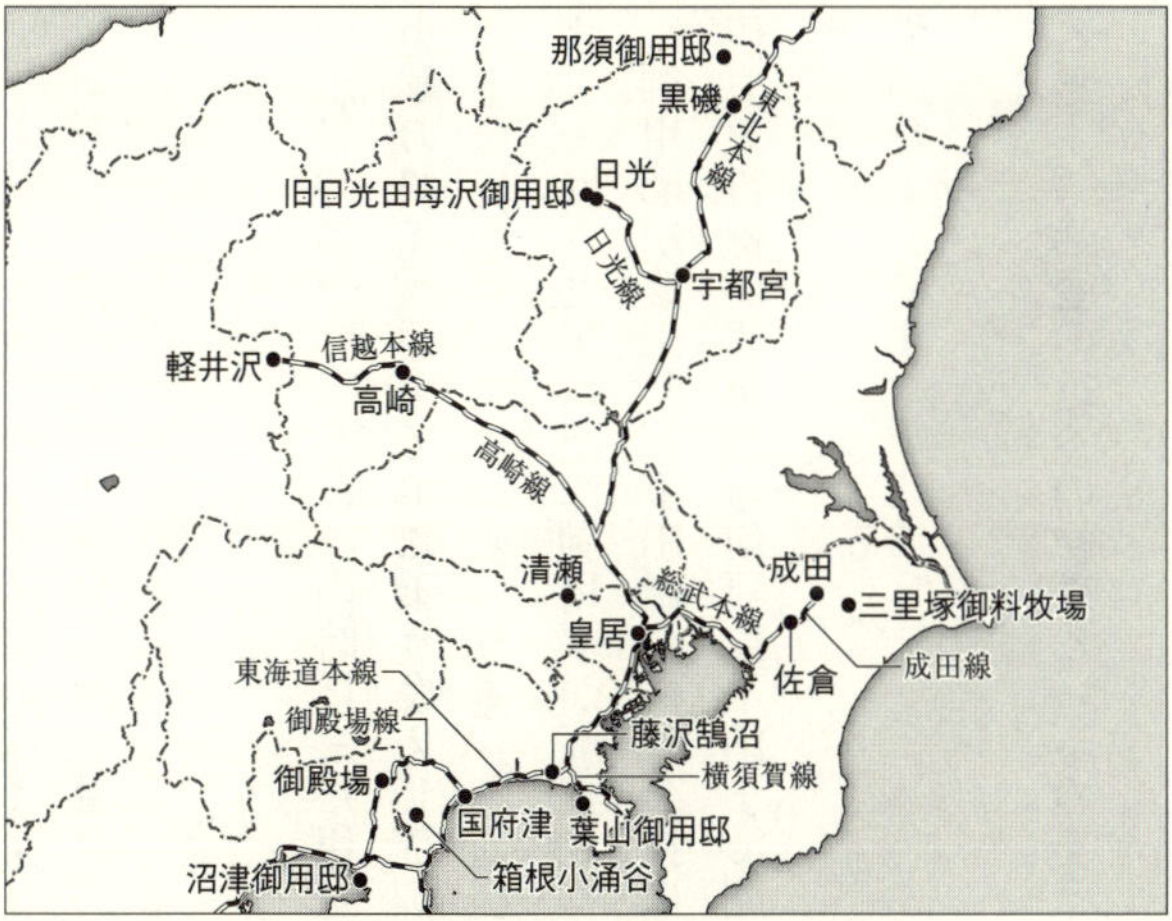

図2 関東周辺地図(1950年頃)

上）いや、あの暖い温泉のある処と代へるとい丶よ（中略）、〈伊豆〉白浜当りがい丶よ。那須は夏の温泉、海岸は葉山、そして冬は白浜当り。沼津の代りは暖い土地で温泉のある事が条件で、海岸に近く採集出来る処はなほい丶（一九五三年三月二六日）

白浜というのは下田に近い海岸で、南伊豆の温泉地の一つでした。当時はまだ伊豆急行線が開通していなかったので、白浜に行くには伊東線の終点、伊東で車に乗り換え、さらに三〇キロ近くも行く必要がありました。

天皇の希望は、一八年後にほぼ実現されます。一九六九年に沼津御用邸が廃止され、七一年には白浜よりもやや南側の海岸、須崎に新たな御用邸が竣工し、下田温泉株式会社による温泉給湯も始まったからです。このときにはもう伊豆急行線が伊東から伊豆急下田まで開通し、お召列車が乗り入れられるようになっていました。

葉山御用邸についても、天皇は移転を考えていたようです。

葉山も全廃して別にどこか考へてもい丶と思ふ。油壺の近くの初声《はっせ》といふのを一時考へたが、結局海軍へやつて了つた（一九五三年三月二七日）

『昭和天皇実録』第五（東京書籍、二〇一六年）によると、昭和天皇は一九二八年から二九年にかけて、葉山に代わる御用邸の候補地として初声村（現・三浦市初声町）を考えていたことがわかります。この構想は世界恐慌により頓挫し、代わりに横須賀海軍通信隊初声分遣隊が置かれることになりますが、初声には未練があったようです。初声のほうが葉山よりも三浦半島の南岸にあり、交通が不便な代わりに海洋生物に恵まれていると考えたのかもしれません。しかし葉山が廃止されることはありませんでした。

軽井沢と箱根

一九四九年八月、皇太子明仁は初めてヴァイニング夫人とともに軽井沢の三井高景《たかかげ》別邸に滞在しました。翌五〇年八月には軽井沢・沓掛《くつかけ》のプリンス・ホテル（旧朝香宮別邸。後の千ケ滝《せんがたき》プリンスホテル）に滞在しますが、これ以降、皇太子が毎年夏にプリンス・ホテルに滞在することが恒例化します。天皇はこう発言しています。

軽井沢が東宮ちやんに気に入り、戯談《じょうだん》半分に御用邸が欲しい云々の話もあつたとのことだ

が、テニスと馬ならば那須で出来る（一九五〇年九月一日）

東宮ちやんの軽井沢は矢張り余程気に入つたらしく、昨日も珍らしい事だが軽井沢の話をあとからあとから話してた。義宮さんはそういふ事をするが、東宮ちやんとしては珍らしい。馬とテニスと丈《だ》けなら那須でもと私がいつたが、どうも軽井沢の空気全体が余程気に入つたらしい。（同年九月四日）

一番目の発言では軽井沢を気に入った皇太子の真意を測りかねていたのに、二番目の発言では理解を示しています。田島も「馬とテニスなら那須でもとの仰せを御取消の御心持に拝す」（同）と記しています。

さらには「場合によつては東宮ちやんがあんなに好きだから軽井沢にも（御用邸を）一つといふ事は考へられる」（一九五三年三月二七日）と言ったこともありました。皇太子が「戯談半分」にしていた御用邸の話を、天皇の方から持ち出したのです。しかしその四日後には、早くも「矢張り軽井沢はむしろ止めて」（同年三月三一日）と翻しています。自らの生物学研究にとって、軽井沢はあまりメリットがないと映ったのかもしれません。

一方、箱根には一九五〇年以降、毎年夏に吉田茂が滞在します。具体的に言えば五〇年に木賀温泉の塩原又策別邸、五三年に大涌谷温泉の旅館「冠峰楼」に滞在したのを除き、小涌園に隣接する新町三井家別邸に滞在しました（前掲『戦後政治と温泉』）。もちろん東京や自宅のあった大磯に戻ることもありましたが、閣議に出る代わりに政治家や官僚を箱根に呼びつけることも少なくありませんでした。

田島もまた例外ではありませんでした。天皇は田島に、「場合によれば箱根迄行け」（一九五一年七月二六日）、「（首相の意思を訊きただすため）箱根に出向いても」（同年八月九日）と命じたり、箱根に行った田島に「おとゝひ箱根へ行つて吉田は元気にしてたか」（同年一〇月四日）と様子を尋ねたりしています。また那須にいても何かあればすぐに東京に戻る自分自身と、箱根から東京に戻るべき日に戻らない吉田を比較し、「箱根へいつたのはわるい」（一九五二年七月一一日）と不満を漏らすこともありました。

「拝謁記」が書かれた時期、毎年夏になると主要人物が東京を空けていました。天皇と皇后は那須に、皇太子は軽井沢に、吉田は箱根にいました。結核を患っていた秩父宮は御殿場にいて、一九五二年からは藤沢の鵠沼に移っています。昭和天皇は、こうした地名を特定の人名としばしば結び付けて語っています。

東京大学・京都大学・結核療養所

第8章「人物観3」で触れたように、天皇は東大総長だった南原繁を嫌い、皇太子が東大に進学することに否定的でした。「東大といふことになれば随分共産党員の学生なども居るしどうかと思ふ」(一九五〇年一月五日)と語っているように、その最大の理由は東大に日本共産党員の学生が多いことでした。

当時の共産党は徳田球一を中心とする「所感派」と、宮本顕治を中心とする「国際派」に分裂していましたが、東大には国際派の細胞が作られ、後に幹部となる上田耕一郎、不破哲三の兄弟が所属していました。後に実業界で活躍する渡邉恒雄、氏家齊一郎、堤清二らも一時期東大細胞に所属するなど、多くの人材を輩出しました。

一九五一年四月一日に日本医学会総会開会式に臨席するために安田講堂を訪れたのを除いて、戦後の天皇が東大を訪れることはありませんでしたが、京大には近畿巡幸の途上、同年一一月一二日に訪れ、学長室や第一会議室に通されています。前日、田島と天皇はこんな会話を交わしていました。

京都大学が何か愚図〳〵申して居ります噂がありますと申上げし処、「そんならいかぬ計りだ」との仰せあり。（同年一一月一一日）

田島は不穏な噂を耳にしていて、天皇もそれなら行く必要はないと考えましたが、いざ訪れてみたら噂通りのことが起こりました。京大には東大と異なり、日本共産党所感派の細胞ができましたが、所感派の学生が天皇に「公開質問状」を渡そうとしたり、学生から反戦歌で迎えられたりしたからです。田島は日記に「京大インターナショナル歌ふ」と記しています。一九四六年から五四年まで続いた戦後巡幸で、これほど明確な「ノー」の意思表示を突きつけられたところは、ほかにありませんでした。

首相の吉田茂は同年一一月一八日、田島宛ての書簡で「京都学生事件は心外千万の事、徒《いたず》らに学内自治を噛《さけ》ぶ結果、教授中不心得者も存在致居《いたしおり》、其掃蕩《そうとう》を如何可致哉《いたすべきや》。兼て頗《すこぶ》る苦慮中に候」と記しています。

東大や京大と並び、共産党の有力細胞が作られていると思われていたのが、当時、結核の患者を多く収容していた療養所でした。田島と天皇のやりとりを以下に掲げます。

結核療養所の患者が赤が非常に多くていろ〳〵動いて居るやうな事がありましたと申上げし処、昭和の始めに一寸赤が盛んな時があつたが、其時にも結核の患者が動いた事があつたとの御話。結核で人生の前途に望を失ひかけましていろ〳〵考へまするとそういふ風になり勝ちかも知れませんがと申上げし処、イヤ赤になるのは結核患者には比較的頭のいゝのが多いからだよとの仰せ。（一九五二年五月二二日）

ここでは具体的地名が挙げられていませんが、東京都内で結核療養所が集まり、共産党の細胞が数多く作られた場所としては、北多摩郡清瀬村（現・清瀬市）がありました（原武史『レッドアローとスターハウス――もうひとつの戦後思想史【増補新版】』、新潮選書、二〇一九年）。清瀬村の結核療養所では、共産党員のほか、作家の福永武彦や吉行淳之介、俳人の石田波郷らが療養生活を送っていました。

国会のような政治空間を見ているだけでは、共産党の本当の勢力はわからない。大学や結核療養所などもまた彼らの有力な政治空間になっているというのが、当時の天皇の認識でした。天皇が共産党の勢力を過大評価していたゆえんです。

お召列車という空間

天皇が乗る列車は「お召列車」、お召列車のなかで天皇が乗る車両は「御料車」と呼ばれました。田島は御料車の車内で天皇に拝謁することもありました。一九五一年一一月一一日には、午前九時一五分から一〇時一〇分まで、東海道本線の車中で拝謁しています。だいたい新橋から平塚あたりまでの区間に相当します。この区間は列車のスピードが速く、窓外を気にする必要がなかったのでしょう。

しかし沿線に人々が集まって奉迎する地方では、天皇もそれに応える必要がありました。「あの汽車の中の弁当はどうも困る(沿道の奉拝者に対して御会釈の為、せわしなく御感じかと拝察す)故、県庁とか何とか弁当を食べるとか、又は早昼をたべて行くとかいふ事にならぬか」(一九五三年四月一〇日)。車内で弁当を食べていると「御会釈」ができないから、食事の時間をずらすことはできないかと言っているわけです。

天皇が乗る御料車は「1号御料車」と呼ばれました。一九三二年に製造され、明治初期に製造された1号御料車に次ぐ二代目の1号御料車でした。この御料車は揺れがひどかったため、一九五三年四月の千葉県行幸啓では皇后が使っていた二代目の「2号御料車」を使うことを田島は提案しています。

今回は第二号の皇后様の御車を御許し願ひたいと存じます。第一号の御料車も拝謁の時侍《じ》立《りつ》致しましても随分動揺致しまするが……と申上げし処、よろしい。只、赤くて少し女らしいがとの仰せ。（一九五三年一月三〇日）

天皇は2号御料車を「赤くて少し女らしい」と言っていますが、実際は違ったようです。白川淳『御召列車　知られざる皇室専用列車の魅力』（マガジンハウス、二〇一〇年）によると、「中央の御座所は、青海原のモチーフとし、青色系シームレスの織物を貼り付けて表現した。腰板より天井に近づくに従い、淡い青色となる」からです。「赤くて少し女らしい」のは、皇太后が使っていた二代目の「3号御料車」だったように思われます。

この千葉県行幸啓から天皇が2号御料車を使う習慣が定着したわけではなく、これ以降の行幸啓では再び1号御料車が使われました。戦前のように、一泊以上の行幸で草薙剣の分身と八尺瓊勾玉を御料車に持ち込んで運ぶ「剣璽動座」の習慣はなくなりましたが、御料車そのものに関する限り、戦前と戦後の間に大きな変化はありませんでした。なお剣璽動座は、一九七四年に天皇が伊勢神宮を参拝した際に復活しています。

終章

『拝謁記』から浮かび上がる天皇と宮中

天皇は何を信じていたのか

第1章から第10章まで、『拝謁記』の文章を適宜引用しつつ、昭和天皇の「天皇観」「政治・軍事観」「戦前・戦中観」「国土観」「外国観」「人物観」「神道・宗教観」「空間認識」を見てきました。

戦後の憲法改正により、大日本帝国憲法の第一条にあった「万世一系」という言葉がなくなりました。一方、戦後の皇室典範の第一条では「皇位は、皇統に属する男系の男子が、これを継承する」とされ、明治の皇室典範の規定がそっくり継承されました。このことは「万世一系」イデオロギーが温存されたことを意味しました。

しかし天皇自身、このイデオロギーを信じていたわけではありません。第9章「神道・宗教観」で見たように、神武天皇は史実に反するし、歴代天皇の式年祭も史実に基づいたものではないと考えていたからです。この点は、皇祖神アマテラス（天照大御神）はもとより、神武以来の歴代天皇や神功皇后の存在を心から信じた皇太后節子と異なっています。

天皇にとっての「国体」もまた、『国体の本義』（文部省、一九三七年）で「大日本帝国は、万世一系の天皇皇祖の神勅を奉じて永遠にこれを統治し給ふ。これ、我が万古不易の国体である」と規定されたものとは違っていました。終戦の詔書で「朕ハ茲《ここ》ニ国体ヲ護持シ得テ」と言ったときの「国体」は、そのような言説化されたものではなく、戦前からの度重なる行幸や親閲式を通して視覚化されたものでした。「君が代」の斉唱や万歳、分列行進などを通して、天皇と万単位の臣民が一体となる「君民一体」の光景こそ、天皇にとっての「国体」にほかなりませんでした。一九四六年から始まった戦後巡幸を通して、天皇は「国体」が護持されていることを体感していったのです。

他方で天皇は、平和の神であるアマテラスに戦勝を祈ったことで、神罰が当たったとも言っています。アマテラスの存在自体は信じていたことになります。第9章「神道・宗教観」で触れたように、天皇は皇太后節子から心から神の存在を信じなければ神罰が当たると警告を受けていましたので、皇太后からの影響が考えられますが、占領期に接近したカトリックからの影響と見ることもできるように思います。

たとえアマテラスの存在を信じていたとしても、天皇は神道自体には固執していませんでした。可能性は高くないとしながら、国民の多数がキリスト教徒になれば改宗することもやぶさかでなかったからです。天皇のキリスト教に対する評価は高く、皇太子明仁の弟の義宮正仁親王（後の常陸宮）がキリスト教に肩入れしていたことについても、田島の助言を聞き入れ、問題にはしない姿勢を見せています。

大日本帝国憲法に規定された「万世一系」を信じていなかった天皇は、日本国憲法に規定された「象徴」についても、条文に即して深く考えようとした足跡が見られません。本来ならば国民主権や民主主義と象徴天皇制の関係につき、天皇なりの見方があって然るべきでしたが、天皇の発言を見ていると、儒教的な「天子」として象徴をとらえているように思われることは第1章「天皇観」で記した通りです。つまり依然として、統治の主体としての意識が抜け切れていなかったということです。

総じて天皇には、「万世一系」「国体」「象徴」といった抽象的な言説よりも、具体的な体験のほうを重視する傾向があったことが、「拝謁記」からは浮かび上がってきます。第2章「政治・軍事観」で触れたように、民主主義を「抽象的の言葉」（一九五二年四月五日）、「抽象的言葉」（同年五月一二日）として忌避するところにも、そうした傾向があらわれています。

イデオロギーとしての「反共」

では天皇は、いかなるイデオロギーも信じていなかったのでしょうか。

そうではありません。「拝謁記」から浮かび上がるのは、天皇の強い「反共」意識です。これをイデオロギーと言い換えても間違ってはいないと思います。

天皇は決して、共産主義について深く学んだ末に反発しているわけではありません。天皇の「反共」は、ソ連や中国、北朝鮮といった日本の周辺に位置する共産主義の国々が日本を侵略しようとしているばかりか、国内でも潜在的に共産主義が広がりつつあり、このままでは革命によって天皇制が倒されかねないという、天皇なりのきわめてプラグマティックな危機感に基づいていました。

この点が、幕末に台頭した後期水戸学のキリスト教に対する認識とよく似ていました。第2章「政治・軍事観」でも触れた会沢正志斎の「新論」では、キリスト教の脅威が過度に強調されていました。丸山眞男はこう指摘しています。

日本では、すでにキリスト教を先頭とするヨーロッパ思想を幕末攘夷論者が批判する様式に於て思想のイデオロギー的機能がおそろしく敏感に、むしろ思想内在的な批判にさきだって出現している。たとえば会沢正志(斎)は、「……故ニ人ノ国家ヲ傾ケント欲スルトキハ、則チ必ズ先ツ通市ニ因テ其虚実ヲ窺ヒ、乗ズベキヲ見レバ則チ兵ヲ挙ゲテ之ヲ襲ヒ、不可ナルトキハ則チ夷教ヲ唱ヘテ以テ民心ヲ煽惑ス。民心一タビ移レバ、簞壺相ヒ迎ヘ、コレヲ禁ズルコトヲ得ルナシ」(『新論』巻之二)という一般論からして、経済軍事偏重の富国強兵論を批判し、「今虜民心ノ主無キニ乗ジ、陰《ひそ》カニ辺民ヲ誘ヒ、暗ニ之カ心ヲ移ストセン、民心一タビ移ルトキハ則チ未ダ戦ハズシテ、天下既ニ夷虜ノ有ト為ラン。所謂富強ナル者ハ、既ニ我ガ有ニ非ズシテ、適以テ賊ニ兵ヲ借シ、盗ニ糧ヲ齎《もた》ラスニ足ルノミ。」(同、巻之一)といって思想国防の要を強調しているが、ここにはダレス的な間接侵略の論理がすでにほぼ完全な形で顔を出している。(『日本の思想』、岩波新書、一九六一年。傍点原文)

西洋列強は武力を用いて直接日本を侵略するよりも、キリスト教によって日本人を間接的に侵略しようとしているというのが、会沢の認識でした。日本では、聖書などのテキストに即してキリスト教を内在的に批判するよりも前に、キリスト教のイデオロギー的機能が敏感に察知されることを、丸山は指摘しているわけです。

キリスト教を共産主義に置き換えれば、戦後に米国の国務長官顧問や国務長官となったダレスもまた同様の認識を持っていました。共産主義国が武力を用いて直接日本を侵略する以前の問題として、国内で共産主義が広がり、内乱や革命が起こってしまえば、外国が武力を用いなくても間接的に侵略したことになると考えていたからです。「ダレス」を「昭和天皇」に代えれば、昭和天皇の認識としてもそっくりそのまま当てはまります。

では間接侵略に対して、どういう態度をとるべきなのでしょうか。会沢は、大嘗祭や新嘗祭などの祭祀を天皇がきちんと行えば、民も感化されてキリスト教になびかなくなり、天皇と民の心が一つになると考えました。その反対に、祭祀が廃れてしまえば民の心もキリスト教に染まりやすくなる。それを説いたのが次の一節です。

祀礼廃《すた》らば、すなはち天人隔絶して、民は易慢を生じ、游魂《ゆうこん》安きを得ずして、生者も身後を怵《おそ》れ、民に固志なく、冥福陰禍の説、これに由《よ》りて入る。幸を死後に徼《もと》めて、義を生前に忘れ、政令を避くること寇を避くるがごとく、異言を慕ふこと、慈母を慕ふがごとし。心、外に放たれて、内に主なければなり。（前掲「新論」。原文は漢文）

会沢に言わせれば、「祀礼」すなわち祭祀は、「冥福陰禍の説」や「異言」すなわちキリスト教に対抗すべき宗教性を持っているのであり、天皇が祭祀を行うことで民の心にもキリスト教に動じない精神が確立されると考えたのです。

一方、昭和天皇は、共産主義に対抗するために神道の信仰を深めたり、宮中祭祀に熱心になったりはしませんでした。そもそも戦後の宮中祭祀は皇室の私的行事であり、報道そのものが少なくなりました。春(秋)季皇霊祭が「春(秋)分の日」になったり、新嘗祭が「勤労感謝の日」になったりしたように祝祭日の名称も変わり、その日に宮中で祭祀が行われていること自体が知られなくなりました。

天皇が重視したのは、第2章「政治・軍事観」で触れた国史教育のほか、戦前からずっと続けてきた行幸でした。ソ連と接する北海道への巡幸が戦後巡幸の最後まで残ったことにつき、天皇は「北海道が一つ残されたといふ事と、行けば共産化に対する防御になるといふ点で行きたいと思つてる」(一九五二年三月二六日)と述べています。巡幸によって戦前と同様、道内各地に「君民一体」の政治空間がつくられ、「国体」が可視化される。そうすれば、共産主義の拡大を防ぐことができる。即物的で手間のかかる手段ですが、天皇は自らの体験からこれが最も有効な手段と考えていたようです。

ただ天皇にとって厄介だったのは、皇太后節子の存在でした。第6章「人物観1」で触れたように、天皇が戦後巡幸を中断した一九四八年から蚕糸業視察を目的として地方行啓を始め、四九年、五〇年と続けました。朝鮮戦争が勃発したときには、「空襲の事なきを保証するか」（一九五〇年七月一四日）と天皇に尋ねています。皇太后は五一年五月に亡くなりましたが、「拝謁記」からは戦後もなお天皇が皇太后を恐れていた様子が伝わってきます。

関連資料から浮かび上がる一九六〇年代の宮中

次に田島が宮内庁長官を辞めたあとの時期に当たる一九六〇年代の宮中につき、『拝謁記』第七巻「関連資料」に収められた精神科医、神谷美恵子の田島宛て書簡に綴られた皇太子妃美智子に関する記述を通して見ておきたいと思います。

一九五八年一一月。皇太子明仁と正田美智子の婚約が発表されました。いわゆるミッチーブームが沸き起こり、五九年四月に二人は結婚します。皇后や秩父宮妃、高松宮妃、旧皇族妃らは平民との結婚に反対していましたが、昭和天皇は同年三月一二日、侍従の入江相政《すけまさ》に「美智子さんの事について非常に御期待になつてゐること」を話していました（『入江相政日記』第六巻、朝日文庫、一九九四年）。

皇太子妃は一九六〇年二月に第一皇子の浩宮徳仁《ひろのみやなるひと》（現天皇）を産みましたが、六三年に第二子を流産したのを機に精神的危機に陥ります。その危機を救うべく、田島道治が皇太子妃に紹介したのが、精神科医の神谷美恵子でした。

一九六五年七月八日、神谷は初めて東宮御所に呼ばれ、皇太子妃に会っています。その模様を田島宛ての書簡で、「初めてのことゝてまつたく虚心にたゞ雑談をさせて頂きましたが、お話は大そうはずんで、らいの話、文学の話、教育の話などさまぐ〵な話題に及び、帰宅後いくつか本をお送り申上げるお約束をしてまいりました」(同年七月二五日)と記しています。これ以降、神谷は定期的に東宮御所に通うようになります。

その時期は、宮中で「魔女」と呼ばれた女官が暗躍する時期と重なっていました。一九六六年一月三日、侍従の入江相政は日記にこう記しています。

昨日、一昨日と相次いで魔女から電話。大晦日にだれが剣璽の間にはひつた、なぜ無断ではひつたとえらい剣幕でやられたといふことだつた。(『入江相政日記』第七巻、朝日文庫、一九九五年)。

この「魔女」とは、一九二九年に皇太后宮職の女官となり、五一年に皇太后が亡くなってからも女官として宮中に残った今城《いまき》誼子《よしこ》のことです。「剣璽の間」は、第6章「人物観1」で触れたように、天皇と皇后が住む吹上御所にあった、草薙剣の分身と八尺瓊勾玉を奉安する部屋のことです。皇太后節子の影響を受けた今城は、皇祖皇宗の存在を心から信じ、宮中祭祀をきちんと行わなければ神罰が当たると考えていました。

田島は宮中三殿で貞明皇后例祭が行われた一九六六年五月一七日の日記に、「皇太子同妃は御同列にて御拝。珍らしき新例のやうに思ふ。如何にや」と記しています。皇太子と皇太子妃がそろって拝礼したことに違和感を抱いていたのがわかります。ここに祭祀を重んじる今城誼子の影響を読み取ることはできないでしょうか。

神谷が同年八月一六日に田島に宛てた書簡では、皇太子妃の悩みがこう綴られています。

この前妃殿下から三時間近くにわたつてうかゞいましたお悩み――それは神経症の名のつくほどのものでございますが――は皇室制度というものについてのご不安感が大きな原因になつて居りますことがわかり、どうしても私自身の頭の中をその点について整理しておかねばという必要を感じました。

神谷の言う「皇室制度というものについてのご不安感」とは何でしょうか。すでに浩宮徳仁、礼宮文仁《あやのみやふみひと》(後の秋篠宮《あきしののみや》)と親王を二人産んでいますから、男子を産むことではなかったでしょう。ここで思い出すべきは、第7章「人物観2」で触れた天皇の皇后観です。

天皇は、皇后の生理の回数や周期を把握し、その情報を田島と共有していました。宮中には、女性だけに当てはまる「血のケガレ」があり、生理になると宮中祭祀に出られず、伊勢神宮正殿での参拝もできなくなるからです。もちろんこのケガレは、皇后だけでなく、皇太子妃についても当てはまります。

皇太子妃が皇太子とともに宮中祭祀に出席し、宮中三殿に上がって拝礼するのが恒例化することで、逆に出ないと生理日であることがわかってしまう。生理の周期に関する個人情報が宮中で知れ渡ってしまうわけです。皇太后節子が宮中で大きな権力をもつことができたのは、「血のケガレ」から解放される年齢に達したからと見ることもできるでしょう。

このようなしきたり一つをとっても、皇室制度というのは男性よりも女性の方により多くの負荷がかかるシステムであることがわかるかと思います。一九六七年八月二日の田島の日記に、東宮大夫の鈴木菊男の話として、「妃殿下については多少不賛成の点あるらし。宮中不合理のことにつき対策。エリート意識のみでは不可適といふ」とあるのは、しきたりに異を唱える皇太子妃に対する批判のように読めなくもありません。

昭和天皇が残した「負の遺産」

最後に、『拝謁記』から見えてくる、昭和天皇が次代に残した「負の遺産」についてまとめてみたいと思います。

第1章「天皇観」で見たように、「象徴」に関する昭和天皇の発言は、国民主権や民主主義からおよそかけ離れており、儒教的と言ってもよいものでした。その後も昭和天皇は、「象徴」について深く考えようとした形跡はなく、国民の側も議論を重ねてきたとは言えない状況が続きました。二〇一六(平成二八)年八月八日に天皇明仁(現上皇)が発表した「象徴としてのお務めについての天皇陛下のおことば」(宮内庁ホームページ)は、拙著『平成の終焉――退位と天皇・皇后』(岩波新書、二〇一九年)で指摘したような問題点もあったにせよ、長年にわたって放置されてきた「負の遺産」に対して、天皇の側から決着をつけようとしたものでした。「象徴の務め」として行幸が重視されている点は昭和天皇と重なるとはいえ、そのスタイルが全く異なっていたことは同書で指摘した通りです。

第9章「神道・宗教観」で見たように、昭和天皇はアマテラスに対しては戦勝を祈ったことを謝罪しましたが、国民に対しても同様に謝罪する「おことば」を発することには難色を示しました。第4章「国土観」で見たように、太平洋戦争末期に地上戦の戦場となった沖縄に対しても、返還を要求する代わりに引き続き米軍に土地を提供すべきだと考えていました。戦後に一度も沖縄県を訪れなかった昭和天皇とは異なり、現上皇と現上皇后が皇太子(妃)時代に当たる一九七五年から一一回にわたって沖縄県を訪れたのは、先代の「負の遺産」を意識し、戦争に向き合おうとしたからにほかなりませんでした。

第3章「戦前・戦中観」や第5章「外国観」で見たように、昭和天皇は一九一〇年の韓国併合を正しかったと見なしており、一九二八年の張作霖爆殺事件に始まる中国侵略の歴史を反省することはあっても、それを「おことば」という形で公式に表明することはありませんでした。また戦後の日本を取り巻く国際情勢については、ソ連や中国、北朝鮮といった共産主義国家の脅威をことさらに強調しました。

ソ連は一九九一年に崩壊しましたが、天皇明仁と皇后美智子は一九九二(平成四)年に中国を訪問し、天皇自身が「この両国の関係の永きにわたる歴史において、我が国が中国国民に対し多大の苦難を与えた不幸な一時期がありました。これは私の深く悲しみとするところでありま す。戦争が終わった時、我が国民は、このような戦争を再び繰り返してはならないとの深い反省にたち、平和国家としての道を歩むことを固く決意して、国の再建に取り組みました」と述べました。これもまた先代の「負の遺産」を意識した発言と言えるでしょう。しかし天皇の北朝鮮訪問はもちろん、韓国訪問もまだ実現されていません。

最近になって、中国や北朝鮮の脅威に対抗するためと称し、自衛隊が南西諸島の防衛体制を強化しています。中国や北朝鮮の脅威を強調し、朝鮮戦争の勃発に触発されて「九州に若干の兵をおくとか、呉に海軍根拠地を設けるとか、兎に角日本の治安の問題に注意して貰はねば困る」（一九五〇年六月二六日）と発言した昭和天皇の認識は、ロシアのウクライナ侵攻に触発されて中国や北朝鮮の脅威を強調する自衛隊制服組のトップ、吉田圭秀・統合幕僚長の認識に通じるものがあります。ウクライナのような深刻な事態が日本周辺で起きる可能性は否定できないから、米国に頼らず、日本が自立的にできる部分を増やすべきだと言っているからです（『日経電子版』二〇二三年七月二九日）。

吉田茂も国民もわかってくれないと嘆く天皇とは対照的に、統合幕僚長は国民もよくわかっていると言っています。この自衛隊幹部に言わせれば、昭和天皇は「負の遺産」を残したどころか、「先見の明」があったということになるのかもしれません。

二〇二七年度の日本の防衛費は世界五位内に入り、「軍事大国」に仲間入りする可能性もあります（『朝日新聞』二〇二四年八月二日）。そうなると、ますます戦前の日本に近くなります。平成以降、天皇、皇后の被災地訪問に自衛隊のヘリコプターが用いられるなど、皇室と自衛隊の距離が縮まりつつあることを背景に、自衛隊のなかから天皇を精神的支柱として仰ぐ気運が高まることはないでしょうか。

自主憲法の制定にこだわる自民党の保守派なども また、同様の認識を抱くでしょう。戦後も憲法改正を主張し、再軍備を唱え続けた昭和天皇は、大日本帝国憲法下の大元帥の面影をとどめる理想の君主として映るに違いありません。彼らは「護憲のシンボル」となり、過去の戦争に対して「悲しみ」や「反省」ばかりを強調する平成の天皇（現上皇）にいい印象をもっていなかったでしょう。

だからこそ、平成から令和への代替わりは、彼らにとって好機到来を意味したはずです。昭和天皇が明治天皇の再来としての役割を果たしたように、現天皇には昭和天皇の再来としての役割を期待したいというのが彼らの本音ではないか。彼らが女性天皇や女系天皇を容認する圧倒的な世論に抗して男系男子の天皇に固執するのは、天皇をいま一度明治から戦前にかけてと同様の軍事的なシンボルにしたいからだと思うのは、うがち過ぎでしょうか。

あとがき

私が『昭和天皇拝謁記』の存在を初めて知ったのは、二〇一九年八月一六日午後七時からのNHKテレビの「ニュース7」でした。「独自」と称して、初代宮内庁長官・田島道治が昭和天皇との対話を詳細に書き記した『拝謁記』を入手したと報じたのです。

続いてその日の「ニュースウオッチ9」や翌一七日の「NHKスペシャル」でも、一九五二年五月三日の「平和条約発効並びに日本国憲法施行五周年記念式典」で天皇が読み上げる「おことば」案の中身とその変遷について詳報していました。NHKの熱の入れ方は尋常ではありませんでしたが、いずれも評論家の加藤恭子さんが『昭和天皇と田島道治と吉田茂』(人文書館、二〇〇六年)などでお書きになっている内容以上のものはほとんどなく、違和感を覚えました。この点については、保阪正康さんとも『文藝春秋』同年一〇月号で「昭和天皇「拝謁記」〈Nスペ〉は超一級資料か」と題して対談しています。

NHKの報道だけでは、一体どこが「昭和史を研究する上で超一級の基本資料」なのか、判然としませんでした。保阪さんとの対談でも、「私が気になるのは、そもそも「拝謁記」に書いてあるのは、本当に今報道されていることだけなのかということ」「高松宮や皇太后など身内についても何らかの言葉を述べている可能性があるのではないでしょうか」「一刻も早く、史料を公開してほしい」などと発言しています。

二〇二一年一二月から『昭和天皇拝謁記』(岩波書店)の刊行が始まったことで、もやもやとしていた思いがようやく晴れました。順次読み進めてゆくうちに、保阪さんとの対談で話したことは間違っていなかったという確信を深めるようになりました。あの報道は『拝謁記』のポイントに触れておらず、誤解を招くものだったことがわかったからです。史料というのは読む側の関心や研究領域によって読みどころが変わってくるものであり、当然私なりの読み方がある。それをきちんと整理しておきたいという気持ちが高まってゆきました。

私はこれまで、『昭和天皇』(二〇〇八年)、『「昭和天皇実録」を読む』(二〇一五年)と、昭和天皇をテーマとする岩波新書を二冊刊行してきました。また二〇一九年には、平成の天皇・皇后について考察した『平成の終焉——退位と天皇・皇后』を岩波新書から出しています。幸いにも、『「昭和天皇実録」を読む』と『平成の終焉』の編集を担当された中山永基さんが応じてくださり、今回もまた担当していただきました。

本書はこの二冊と同様、講義形式をとっています。具体的には二〇二三年七月三一日から一一月一六日にかけて、岩波書店で四回にわたって講義したものをもとにしています。録音を担当された中山さんのほか、講義に出席された編集部の中本直子さん、ルポルタージュ作家の石村博子さん、ジャーナリストの井戸まさえさんに感謝いたします。

なお本書の準備段階で、『拝謁記』の編者六名（古川隆久、茶谷誠一、冨永望、瀬畑源、河西秀哉、舟橋正真各氏）とジャーナリストの吉見直人氏の共著による『「昭和天皇拝謁記」を読む――象徴天皇制への道』が、同じ岩波書店から刊行されることを知りました。同書は一足早く八月に刊行されましたが、この点に不審感をもたれる読者がいるかもしれないので一言弁明しておくと、同じ出版社のなかで別々に企画が進行していたというのが真相であり、双方の間にはいかなる関係もありません。

本来、史料というのは万人に向けて公開されるべきであり、それがなされないまま特定の解釈だけがまかり通るようなことがあってはなりません。先に触れたように、重要な史料ほど読む側の関心や研究領域によって全く違った読み方ができることも珍しくないからです。実際に本書には、『「昭和天皇拝謁記」を読む』とはかなり異なる解釈が、随所で見られると思います。

例えば同書でほんの数行しか触れられていない皇太后節子に対する昭和天皇の人物観については、本書ではかなり紙幅を割いています。

また複数の学者やジャーナリストが分担して書いているため、章によってばらつきが見られる『「昭和天皇拝謁記」を読む』とは異なり、本書は統一的な視点で書かれています。このためタイトルに示したように、戦後間もない時期の「象徴天皇」の実像がどういうものだったのかが、より一層クリアになったのではないかと自負しています。

私は『拝謁記』によって、前掲『昭和天皇』や『「昭和天皇実録」を読む』、あるいは『皇后考』(講談社学術文庫)で書いたことが、ある程度裏付けられたという確信を抱いています。本書では『昭和天皇実録』「百武三郎日記」『高松宮日記』『入江相政日記』『昭和天皇独白録』などにも触れましたが、近現代の皇室に関しては重要な史料がまだ埋もれているはずです。今後も在野の政治学者として、研究を続けてゆきたいと思っています。

原　武史

二〇二四年九月

原　武史

1962年，東京に生まれる．早稲田大学政治経済学部卒業後，日本経済新聞社に入社．東京社会部記者として昭和天皇の最晩年を取材．東京大学大学院博士課程中退．東京大学社会科学研究所助手，山梨学院大学助教授，明治学院大学教授，放送大学教授を経て
現在－明治学院大学名誉教授，放送大学客員教授
専攻－日本政治思想史
著書－『昭和天皇』(岩波新書，司馬遼太郎賞受賞)
『「昭和天皇実録」を読む』(岩波新書)
『平成の終焉――退位と天皇・皇后』(岩波新書)
『大正天皇』(朝日文庫)
『皇后考』(講談社学術文庫) など多数

象徴天皇の実像
「昭和天皇拝謁記」を読む　　岩波新書(新赤版)2038

2024年10月18日　第1刷発行
2025年 1月15日　第2刷発行

著　者　原《はら》　武《たけ》史《し》

発行者　坂本政謙

発行所　株式会社　岩波書店
〒101-8002　東京都千代田区一ツ橋 2-5-5
案内 03-5210-4000　営業部 03-5210-4111
https://www.iwanami.co.jp/

新書編集部 03-5210-4054
https://www.iwanami.co.jp/sin/

印刷製本・法令印刷　カバー・半七印刷

ISBN 978-4-00-432038-8　　Printed in Japan

岩波新書新赤版一〇〇〇点に際して

ひとつの時代が終わったと言われて久しい。だが、その先にいかなる時代を展望するのか、私たちはその輪郭すら描きえていない。二〇世紀から持ち越した課題の多くは、未だ解決の緒を見つけることのできないままであり、二一世紀が新たに招きよせた問題も少なくない。グローバル資本主義の浸透、憎悪の連鎖、暴力の応酬――世界は混沌として深い不安の只中にある。

現代社会においては変化が常態となり、速さと新しさに絶対的な価値が与えられた。消費社会の深化と情報技術の革命は、種々の境界を無くし、人々の生活やコミュニケーションの様式を根底から変容させてきた。ライフスタイルは多様化し、一面では個人の生き方をそれぞれが選びとる時代が始まっている。同時に、新たな格差が生まれ、様々な次元での亀裂や分断が深まっている。社会や歴史に対する意識が揺らぎ、普遍的な理念に対する根本的な懐疑や、現実を変えることへの無力感がひそかに根を張りつつある。そして生きることに誰もが困難を覚える時代が到来している。

しかし、日常生活のそれぞれの場で、自由と民主主義を獲得し実践することを通じて、私たち自身がそうした閉塞を乗り超え、希望の時代の幕開けを告げてゆくことは不可能ではあるまい。そのために、いま求められていること――それは、個と個の間で開かれた対話を積み重ねながら、人間らしく生きることの条件について一人ひとりが粘り強く思考することではないか。その営みの糧となるものが、教養に外ならないと私たちは考える。歴史とは何か、よく生きるとはいかなることか、世界そして人間はどこへ向かうべきなのか――こうした根源的な問いとの格闘が、文化と知の厚みを作り出し、個人と社会を支える基盤としての教養となった。まさにそのような教養への道案内こそ、岩波新書が創刊以来、追求してきたことである。

岩波新書は、日中戦争下の一九三八年一一月に赤版として創刊された。創刊の辞は、道義の精神に則らない日本の行動を憂慮し、批判的精神と良心的行動の欠如を戒めつつ、現代人の現代的教養を刊行の目的とする、と謳っている。以後、青版、黄版、新赤版と装いを改めながら、合計二五〇〇点余りを世に問うてきた。そして、いままた新赤版が一〇〇〇点を迎えたのを機に、人間の理性と良心への信頼を再確認し、それに裏打ちされた文化を培っていく決意を込めて、新しい装丁のもとに再出発したいと思う。一冊一冊から吹き出す新風が一人でも多くの読者の許に届くこと、そして希望ある時代への想像力を豊かにかき立てることを切に願う。

（二〇〇六年四月）